U0925078

交通运输行业高层次人才培养项目著作书系

潘玉利　等　著

路况自动检测原理

Automated Pavement Condition Surveys

人民交通出版社股份有限公司

北京

内 容 提 要

围绕路况自动化检测的技术需求，针对多层次的路况自动化检测指标体系，本书系统地阐述了路况自动检测原理和方法、主要的检测技术、路况自动化检测系统技术架构和工程化验证的主要内容，分析了公路养护科学决策技术体系的作用和技术构成、路况自动化检测系统的应用效果、路况大数据的应用前景和路况自动化检测技术的发展方向。

本书主要面向从事公路养护现代化事业的管理和工程技术人员，以及开展相关领域科学研究和教学的人员。

图书在版编目(CIP)数据

路况自动检测原理 / 潘玉利等著. — 北京 : 人民交通出版社股份有限公司, 2021.7

ISBN 978-7-114-17364-6

Ⅰ.①路… Ⅱ.①潘… Ⅲ.①路况—自动检测 Ⅳ.①U418

中国版本图书馆 CIP 数据核字(2021)第 107291 号

Lukuang Zidong Jiance Yuanli

书　　名：路况自动检测原理
著 作 者：潘玉利　等
责任编辑：牛家鸣
文字编辑：王景景
责任校对：孙国靖　魏佳宁
责任印制：张　凯
出版发行：人民交通出版社股份有限公司
地　　址：(100011)北京市朝阳区安定门外外馆斜街 3 号
网　　址：http://www.ccpcl.com.cn
销售电话：(010)59757973
总 经 销：人民交通出版社股份有限公司发行部
经　　销：各地新华书店
印　　刷：北京市密东印刷有限公司
开　　本：710×1000　1/16
印　　张：13.5
字　　数：238 千
版　　次：2021 年 7 月　第 1 版
印　　次：2021 年 7 月　第 1 次印刷
书　　号：ISBN 978-7-114-17364-6
定　　价：90.00 元

Abstract

This book tries to systematically describe the methods and technologies of automated data collections for each of the subsidiary pavement condition categories including longitudinal profile, transverse profile, pavement surface distress, pavement surface texture, geometry of pavement and pavement asset. According to the requirement of pavement asset management, a general framework of automated pavement condition survey system is proposed, which different types of data collection systems from complex multifunction to simple single function can be rapidly developed based on the defined modular form structure. The automated pavement condition survey system, which is one of the supporting technologies to the highway asset management, is employed to conduct the annual measurement of China's trunk highways.

交通运输行业高层次人才培养项目著作书系
编审委员会

书系前言

Preface of Series

进入21世纪以来，党中央、国务院高度重视人才工作，提出人才资源是第一资源的战略思想，先后两次召开全国人才工作会议，围绕人才强国战略实施做出一系列重大决策部署。党的十八大着眼于全面建成小康社会的奋斗目标，提出要进一步深入实践人才强国战略，加快推动我国由人才大国迈向人才强国，将人才工作作为"全面提高党的建设科学化水平"八项任务之一。十八届三中全会强调指出，全面深化改革，需要有力的组织保证和人才支撑。要建立集聚人才体制机制，择天下英才而用之。这些都充分体现了党中央、国务院对人才工作的高度重视，为人才成长发展进一步营造出良好的政策和舆论环境，极大激发了人才干事创业的积极性。

国以才立，业以才兴。面对风云变幻的国际形势，综合国力竞争日趋激烈，我国在全面建成社会主义小康社会的历史进程中机遇和挑战并存，人才作为第一资源的特征和作用日益凸显。只有深入实施人才强国战略，确立国家人才竞争优势，充分发挥人才对国民经济和社会发展的重要支撑作用，才能在国际形势、国内条件深刻变化中赢得主动、赢得优势、赢得未来。

近年来，交通运输行业深入贯彻落实人才强交战略，围绕建设综合交通、智慧交通、绿色交通、平安交通的战略部署和中心任务，加大人才发展体制机制改革与政策创新力度，行业人才工作不断取得新进展，逐步形成了一支专业结构日趋合理、整体素质基本适应的人才队伍，为交通运输事业全面、协调、可持续发展提供了有力的人才保障与智力支持。

"交通青年科技英才"是交通运输行业优秀青年科技人才的代表群体，培养选拔"交通青年科技英才"是交通运输行业实施人才强交战略的"品牌工程"之一，1999年至今已培养选拔282人。他们活跃在科研、生产、教学一线，奋发有为、锐意进取，取得了突出业绩，创造了显著效益，形成了一系列较高水平的科研成果。为加大行业高层次人才培养力度，“十二五”期间，交通运输部设立人才培养专项经费，重点资助包含“交通青年科技英才”在内的高层次人才。

人民交通出版社以服务交通运输行业改革创新、促进交通科技成果推广应用、支持交通行业高端人才发展为目的，配合人才强交战略设立“交通运输行业高层次人才培养项目著作书系”（以下简称“著作书系”）。该书系面向包括“交通青年科技英才”在内的交通运输行业高层次人才，旨在为行业人才培养搭建一个学术交流、成果展示和技术积累的平台，是推动加强交通运输人才队伍建设的重要载体，在推动科技创新、技术交流、加强高层次人才培养力度等方面均将起到积极作用。凡在“交通青年科技英才培养项目”和“交通运输部新世纪十百千人才培养项目”申请中获得资助的出版项目，均可列入“著作书系”。对于虽然未列入培养项目，但同样能代表行业水平的著作，经申请、评审后，也可酌情纳入“著作书系”。

高层次人才是创新驱动的核心要素，创新驱动是推动科学发展的不懈动力。希望“著作书系”能够充分发挥服务行业、服务社会、服务国家的积极作用，助力科技创新步伐，促进行业高层次人才特别是中青年人才健康快速成长，为建设综合交通、智慧交通、绿色交通、平安交通做出不懈努力和突出贡献。

交通运输行业高层次人才培养项目
著作书系编审委员会
2014 年 3 月

作者简介

Author Introduction

潘玉利,同济大学道路工程专业学士,英国伯明翰大学博士,交通运输部公路科学研究院(所)研究员,公路养护技术国家工程研究中心主任。本人长期从事公路养护关键技术研究,主持了多项国家重点科技攻关项目、国家重点新技术推广项目、国家高技术研究发展计划(863 计划)项目、交通运输部重大公路养护专项和技术标准的研究工作,主要科技成果获得多项国家和行业科技进步奖;著有《路面管理系统原理》和《Simulation Of Vehicle Speed And Fuel Consumption》等著作;为 2000—2019 年(第 1 ~4 届)交通运输部专家委员会委员,2012—2019 年世界道路协会 PIARC 技术委员会委员。

About the Author

Yuli PAN who received his first degree from TongJi University and PhD degree from the University of Birmingham, has been engaged for the past thirty five years in the research, development and implementation of technologies and systems of road data collection and asset management at the Research Institute of Highways of the Ministry of Transport. He has published several books including *Pavement Management System* and *Simulation of Vehicle Speed and Fuel Consumption*, and was awarded two National Prizes for Progress in Science and Technology and several other awards and honors. He is the director of National Engineering Research Center of Road Maintenance Technologies, founded by the National Development and Reform Commission and jointly managed by the Ministry of Transport.

序

Foreword

在本世纪初与作者初识时，作者就已经在路面养护领域从事了20多年的研究工作，承担了多项国家级重大研究课题，主持了由交通运输部组织实施的干线公路路面管理系统CPMS全国推广应用工作。2008年，我调任交通运输部公路科学研究院院长，有机会了解到作者在公路养护技术方面更多的研究情况，尤其是除了路面资产管理技术的前瞻性研究外，作者带领的团队还开展了路况自动化检测技术的系统研究，并取得了丰硕的成果。其中，依托交通运输部重大科技项目和国家高技术研究发展计划（863计划）项目，在路况自动化检测关键技术方面取得了重大突破，开发了多功能路况快速检测系统CiCS（Cracking information Collection System）。长期积累的主要技术成果，使其获得了多项国家和行业科技进步奖。

2012年，路况快速检测系统CiCS被送往英国，进行了为期5个多月的路况自动化检测技术国际认证。通过认证检验了我国路况自动化检测系统的技术水平和装备性能，也为后来在全国应用奠定了基础。基于作者及其带领的团队多年研究取得的一系列公路养护关键共性技术成果、一批重大技术产品和重大技术研发能力，国家发展改革委在我国交通领域组建了"公路养护技术国家工程研究中心"。依托这一国家级创新平台，通过上述公路养护关键技术及重大技术产品的工程化研发验证和产业化示范，实施了大规模的工程化应用，其中路况快速检测系统CiCS检测里程和路面养护科学决策规模覆盖了80%以上的国省干线公路。

公路资产管理技术和公路自动化检测技术是交通运输部在全国推进公路养护科学决策体系建设的两大支撑技术。从早期路面损坏状况主要依靠人工调查、养护计划主要靠经验安排，到路况指标全自动化快速检测和路面养护全寿命科学决策，它们在不到20年的时间里，彻底改变了我国传统的路面养护决策模式。在这一变革过程中，路面管理系统技术和路况自动化检测技术，发挥了至关重要的作用。

有鉴于此，作者集多年技术研发经验和工程化应用体会之大成，撰写了这本《路况自动检测原理》，将路面技术状况细分为路面纵断面状况、路面横断面状况、路面表面损坏状况、路面表面构造状况、路面空间几何状况和路面空间资产状况，并分别阐述了各类路况的自动检测原理、方法、主要检测技术和主要路况指标的计算方法，提出了路况自动化检测系统的技术架构、路况自动化检测质量控制体系和工程化验证的基本方法。全书内容涵盖了路况自动化检测从关键技术研究、工程化研发、系统集成、数据处理、数据集成、质量控制、工程化验证、技术认证到工程化应用全过程的主要环节。

本书的写作，对传承过去路况自动检测的方法及经验，发展未来智能检测技术，具有良好的创新启示作用。同时，在交通运输行业高层次人才培养项目资助计划支持下的出版发行，对于贯彻落实交通强国建设纲要中——"强化交通基础设施养护，加强基础设施运行监测检测，提高养护专业化、信息化水平，增强设施耐久性和可靠性"无疑具有积极的现实意义。

作者干事认真，治学严谨，本书的写作可以说是"十年磨一剑"。从全书内容来看，具有较强的系统性和逻辑性；就专业技术而言，具有显著的创新性和先进性；从应用层面来讲，具有突出的针对性和实用性。开卷有益，我们期待着本书的出版，将带给致力于公路养护现代化事业的工程管理及工程技术人员以收获和喜悦，共同为加快建设人民满意、保障有力、世界前列的交通强国而不懈努力。

周伟

交通运输部原总工程师

2020 年 7 月 3 日

于北京

Foreword

The first meeting with Dr. Pan was the early year of this century while he had been working on the research and implementation of pavement asset management technology and system under the direction of the Ministry of Transport for more than 20 years. When I was appointed to the director of the Research Institute of Highways of the Ministry of Transport in 2008, I had chance to know more details about his research projects and achievements. Apart from the modern pavement asset management technology, his team has also investigated into the research of automated pavement condition surveys and developed several key technologies. Among of which is the Cracking information Collection System (CiCS), which is an automated pavement condition survey system, developed under the National High Technology Research and Development Program of China (863 Program). The CiCS was shipped to the UK TRL for SCANNER accreditation test to check its ability in accuracy, repeatability and reliability in 2012.

Due to the contribution to knowledge innovations, he has received two National Prizes for Progress in Science and Technology and several other awards and honors. In addition, by considering the key highway maintenance and asset managing technologies, the systems of pavement management and automated surface condition surveys, and the ability in developing key engineering technologies, the National Development and Reform Commission decided to form the National Engineering Research Center of Road Maintenance Technologies in 2011 based on his productive team. With the national innovative platform, the key technologies and systems have been performed a series of engineering validation tests and large scaled engineering applications, in which over 80 percent of the national and provincial trunk highways are measured annually by the CiCS machines.

Pavement asset management system and automated pavement condition survey system are the two supporting technologies for the establishment of China's modern pavement maintenance and asset management mechanism required and enforced by the Ministry of Transport. At the beginning of this century in China, pavement conditions were mostly manual-collected and maintenance plans were primarily made based on experiences. Since 2015, majority of the trunk highways has been measured by auto-machines and analyzed by asset management systems. In less than 20 years, the traditional way of highway maintenance and asset management has been fundamentally changed due to the above technologies.

To summarize the knowledge and experiences gained in the past two decades, this book subdivides pavement conditions into fine-sorted subsidiary conditions including longitudinal profile, transverse profile, pavement surface distress, pavement surface texture, geometry of pavement and pavement assets, and a description of principals, methods and technologies for measuring each of the subsidiary pavement conditions is presented, followed by a discussion of a general framework of automated pavement surface condition survey system. The contents of this book covers major aspects of the automated pavement condition survey, including the research of key technologies, device development, system integration, data processing, quality control, engineering validation, accreditation test, information aggregation and engineering application, which demonstrates a well-designed arrangement of chapters, illustrated systematical description of methods and technologies.

The methods, technologies and experiences presented in this book shall be the enlightenment on future innovation in knowledge, and the publication of this book, should certainly promote the performance of the Program of Building National Strength in Transport by *strengthening condition measurement and operation monitoring of transportation infrastructures, enhancing abilities in professionalization and informatization of maintenance*. I expect that when our highway engineers open this book, it will bring you substantial knowledge and beneficial experiences.

Wei ZHOU

Chief Engineer (former) **of the Ministry of Transport**

July 3, 2020

Beijing, P. R. China

前　言

Preface

在公路养护管理的所有环节中，路况检测是一切公路养护活动和管理工作的基础，路况数据的准确与否，关乎公路养护资金的使用效益，也影响公路设施的技术状况和服务水平。

本书以国内外共同关注的路况自动化检测准确性问题为主线，通过十二章、五部分内容，力图系统地阐述路况自动检测的主要原理、路况自动化检测系统应该具有的基本功能、路况检测数据的质量控制和检测技术的工程化验证。其中，第一部分，根据我国当前及未来一定时期公路养护的技术需求，结合国际上的成熟经验，提出了一个满足不同任务、不同需求包含30项路况指标的多层次路况自动化检测指标体系。第二部分，基于路况自动化检测技术需求和路况自动化检测指标体系，阐述了用来描述路面物理特征的路面纵断面状况、路面横断面状况、路面表面损坏状况、路面表面构造状况、路面空间几何状况和路面空间资产状况的自动检测原理，分析并验证了相关的检测方法、主要检测技术及其准确性。第三部分，围绕路况自动化检测指标体系，通过细分路况自动化检测技术集成，构建一个能够实现各项技术指标同步快速采集的模块化路况自动化检测系统。第四部分，基于快速发展的信息技术、大数据、云计算和人工智能等技术，归纳总结了路况自动化检测质量管理和数据处理的技术架构、主要支撑技术和路况数据可视化集成方法。第五部分，分析了路况自动化检测技术工程化验证的主要内容、SCANNER(Surface Condition Assesement of National Network of Roads)国际认证及路况自动化检测技术大规模工程化应用对公路养护科学决策体系建设的促进作用。其中，第十一章第二节(国际认证)，由程珊珊博士根据其带领的团队在英国进行为期5个多月的路况快速检测系统 CiCS 国际认证经历和经验编著。

从2007年7月制订写作计划，到2020年6月完成写作，历时十余载，在此期间我国公路养护发生了巨大变化，公路路况基本实现了主要指标的全自动化检测，国省干线公路基本实现了路况自动化检测全覆盖。路况自动化检测技术的大规模工程化应用，从根本上改变了21世纪初以前路面损坏人工调查的传统方式，路况自动化检测能力显著提升，公路养护科学决策体系已趋形成。回首过往，感慨良多，在为我国路况自动化快速检测技术取得巨大进步而自豪的同时，也对曾经和正在为我国路况自动化检测技术创新和工程化应用做出重要贡献的国家和行业主管部门、各省(区)市公路管理机构及其检测单位充满感激，特别是国家发展改革委高技术产业司——组建了我国的公路养护技术国家工程研究中心，建设了系统的工程化研发验证设施和国家级创新平台；科技部——给予了国家高技术研究发展计划(863计划)项目支持；交通运输部科技司——组织开展了我国路况自动化检测技术重大科技项目研究，形成了路况自动化检测技术体系；交通运输部公路局——通过公路养护长期发展战略(纲要)的实施和相关技术标准的制订，带动了全国路况自动化检测技术的工程化应用，促进了我国公路养护科学决策体系的快速形成；交通运输部路网中心——在国家公路网技术状况监测过程中，给予了高水平的技术指导，推进了我国自动化检测技术的不断升级和完善；各省(区)市公路管理机构及其相关检测单位——推动实施了路况自动化检测技术的大规模工程化应用。

特别感谢公路养护技术国家工程研究中心养护装备事业部、养护信息化事业部和养护决策事业部自组建以来的所有工程技术人员，为路况自动化检测关键技术研究、系统集成、技术验证、国际认证、大规模工程化应用和公路养护科学决策技术体系建立 所奉献的宝贵智慧和付出的辛勤劳动。

2012年，本书被列入交通运输行业高层次人才培养项目资助计划，感谢交通运输部人事教育司长期以来对我国公路养护新技术新成果新知识的转移转化和宣传普及的大力支持。

写作期间，作者承担了公路养护技术国家工程研究中心等的管理任务，职责所在，难得拼凑整块时间去深入思考、细心研究，写作工作也时断时续，许多章节未能仔细推敲、难如人意，不妥之处，请多谅解。

潘玉利

2020年6月26日

于北京

Preface and Acknowledgements

Among all activities of pavement maintenance and asset management, accurate pavement condition survey is the most important to all others. The veracity of pavement condition survey affects not only the benefit of budget utilization, but also the level of pavement condition and service.

Accordingly, follows the major concerns of the veracity of pavement condition survey, this book tries to systematically describe the principle, methods and technologies of automated pavement condition survey. The book is divided into 5 parts and 12 chapters. Part one, based on the needs of current and future pavement data collections, an indicator system is proposed for automated pavement condition survey to meet different requirements of highway maintenance and asset management. Part two, on the basis of the indicator system, methods and technologies of automated data collections are discussed for different pavement condition categories including longitudinal profile, transverse profile, pavement surface distress, pavement surface texture, geometry of pavement and pavement assets. Part three, with the knowledge of automated data collection of each subdivision pavement conditions, a general framework of automated pavement condition survey system is suggested, based on which systems from complex multifunction to simple single function can be rapidily derived according to varied task requirements. Part four, by applying the new technologies such as big data, cloud computing and artificial intelligence, a framework of quality control, data processing, data analysis and visual data integration is developed. Part five, presents a description of methods of accuracy verification, validation of automated surveys, accreditation test conducted by TRL according to the SCANNER specification and engineering application to the trunk highways in China.

From the start of material preparation in July 2007 to the completion of the writing in June 2020, it took more than 10 years during which highway maintenance and asset management in China experienced tremendous changes. By now, most of the pavement condition indicators and majority of the national and provincial highway networks can be measured with the auto-machines. The implementation of automatic data collection technology has fundamentally changed the traditional way of pavement data collections, resulting in a significant promotion in the ability of highway maintenance and asset management. The achievement and progress in science and technology are due to the contributions of many organizations and individuals, to whom the author would like to express his sincere gratitude.

High Technology Industry Department of the National Development and Reform Commission, has formed the National Engineering Research Center of Road Maintenance Technologies, and established a well equipped research, development and testing laboratories.

Ministry of Science and Technology, has entrusted a research project through the National High Technology Research and Development Program of China (863 Program).

Science and Technology Department of the Ministry of Transport, has organized the research of automated pavement data collection technologies and development of China's data collection system including the CiCS.

Highway Administration Bureau of the Ministry of Transport, has been leading the application of automated data collection technologies through the implementation of policies such as the highway maintenance and development outlines and technical standards.

Road Network Monitoring and Emergency Response Center of the Ministry of Transport, has given useful technical guidance for years during the annual National Highway Technical Condition Monitoring.

Provincial Highway Bureaus (Service Centers) and subsidiary highway survey organizations (firms), have performed and conducted the highway network surveys every year.

Human Resources and Education Department of the Ministry of Transport, has financially supported the publication of this book.

Special thanks to all engineers of the National Engineering Research Center of Road Maintenance Technologies, who contributed their valuable knowledge and time to the research, development, validation, international accreditation, data processing and engineering applications.

Yuli PAN
June 26, 2020
Beijing, P. R. China

目　　录

Contents

第一章　绪　　论

为了促进公路养护自主创新能力和核心竞争力的快速提升，国家发展和改革委员会于2011年组建了我国公路养护的国家级创新平台——公路养护技术国家工程研究中心（简称，国家工程中心）（National Engineering Research Center of Road Maintenance Technologies）。国家工程中心的主要任务是，围绕我国公路养护发展战略，重点开展路况快速检测、病害诊断分析、大修养护设计、旧路升级改造等公路养护关键技术、高端装备、大型养护分析和养护设计软件的研发和工程化，推进技术标准制定和产业化示范，不断提供公路养护需要的成套技术、产品、工艺和装备，带动提升我国公路养护的技术水平和创新能力。

根据国家工程中心任务和交通运输部关于"建立国省道养护管理科学决策体系，主要路况检测指标基本实现自动化，路况评价及养护决策实现信息化和制度化"[1]的发展目标，国家工程中心开展了路况自动化检测技术和高端检测装备的工程化研发验证、产业化示范和工程化应用。基于过去20多年路况自动化检测技术研究及10多年大规模工程化应用经验，围绕路况自动检测原理、方法和关键技术，通过技术分类、经验总结和知识提炼，归纳形成了本书的主要章节和内容。

第一节　背景与意义

准确掌握从局部路段到整个公路网的公路技术状况，是行业主管部门路网监测、公路管理机构养护决策、咨询单位全寿命养护设计和养护企业工程实施的基本需求，也是公路养护发展的方向和主要任务。

20世纪70年代，路况自动化检测技术研究，产生了反映类路面颠簸累积仪、拖车式五轮断面仪、路面病害摄影检测系统、路面横向力系数仪和路面自动弯沉仪等一系列单一指标的路况自动化检测技术及装备；21世纪初，激光测距技术及线扫成像技术的成熟，催生了路面纵断面、路面横断面及路面损坏等各类自动化检测技术及多功能路况自动化检测系统。

在过去的半个多世纪里，公路技术研究人员一直在追寻不断变化的公路养护技术需求，通过长期的公路检测技术创新和工程化研发验证，实现了从单一指标自动化检测，到多指标同步自动化快速检测的技术跨越，公路网路况检测完成了从传统人工调查到机器自动测量的产业升级，基本形成了路况自动化检测的技术体系。

路基、桥隧构造物和沿线设施等技术状况自动化检测技术的研发、成熟及工程产业化，将进一步丰富路况自动化检测技术，形成包含公路全资产所有内容的完整的公路自动化检测技术体系。公路自动化检测技术体系的建立，是构建公路养护（管理）科学决策体系、提升公路养护技术能力和高质量发展的重要保障。

第二节 主要内容

本书共十二章，主要内容分五部分论述，包括路况自动化检测指标体系，路况自动检测原理，路况自动化检测系统，路况数据分析处理与集成，工程化验证、认证与应用五部分论述。

1. 路况自动化检测指标体系

第二章（路况自动化检测指标体系），基于当前及未来一定时期我国公路养护的技术需求和国际上的成功经验，总结归纳了能够满足路网监测、路况评定、养护决策、养护设计和资产管理等不同任务不同需求的多层次路况自动化检测指标体系，提出了5类30项路况自动化检测指标。

根据路况自动化检测指标的物理属性，将30项检测指标进一步细分为路面纵断面状况（4项指标）、路面横断面状况（6项指标）、路面结构状况（1项指标）、路面表面损坏状况（6项指标）、路面表面构造状况（6项指标）、路面空间几何状况（3项指标）和路面空间资产状况（4项指标）7类属性不同的路况指标。

2. 路况自动检测原理

基于路况自动化检测技术需求和路况自动化检测指标体系，分类阐述了用来描述路面物理属性及特征的路面纵断面状况、路面横断面状况、路面表面损坏状况、路面表面构造状况、路面空间几何状况和路面空间资产状况的自动检测原理，分析并验证了相关的检测方法、主要检测技术及其准确性能。

第三章（路面纵断面状况检测），论述了激光测距、基准平面和姿态矫正的主要原理及源于路面纵断面高程的路面平整度指标计算方法，包括斜率类指标（国际平整度指数）、方差类指标（移动均方差）和高差类指标（纵断面高差）。

第四章（路面横断面状况检测），阐述了动态基准断面、连续基准断面和横断面矫正的数学方法及横断面类指标计算方法，包括路面车辙深度、横断面均方差和路面车辙影响面积。

第五章(路面表面损坏状况检测),分类介绍了支撑 CCD 线扫路面成像和 3D 路面激光测量的路面表面损坏自动检测方法和关键技术,包括 CCD 线扫路面成像的照明技术、基于 3D 路面激光测量的路面灰度图像和路面深度图像处理技术、基于灰度分析的路面图像(或 3D 路面灰度图像)裂缝修补类损坏自动识别技术、基于深度学习的路面图像(或 3D 路面灰度图像)裂缝修补类损坏智能识别技术和基于 3D 路面深度图像的变形类损坏(坑槽、拥包、沉陷、松散等)识别技术;探讨了两种路面损坏自动识别系统,包括基于灰度分析技术的路面损坏识别系统 CiAS 和基于深度学习技术的路面损坏智能识别系统 aCRACK。

第六章(路面表面构造状况检测),描述了基于同一路段、同一位置、不同时刻路面构造深度差值分析的路面磨耗状况自动检测原理和路面磨耗率计算方法。路面构造深度比较基准是路面磨耗率计算的关键,有两种方法可用于确定比较基准,尚无磨损的竣工或通车初期路面构造深度和无磨损的同质路肩或车道中心线处路面构造检测数据。

第七章(路面空间几何状况检测),分析了集成姿态测量、惯性位移测量、卫星定位和距离测量技术的航向角、俯仰角、横滚角、距离和位置信息等的自动化检测技术,以及路面空间几何状况主要指标(路面曲率、路面纵坡、路面横坡)的计算方法。

第八章(路面空间资产状况检测),讨论了基于路面前方图像和大量程 3D 激光测量 LiDAR(Light Detection and Ranging)的路面空间资产状况自动检测方法,分析了包括标志类、标线类、路面以上桥隧构造物类、防护设施类和绿化类路面空间资产状况的自动分类识别技术及资产特征自动识别系统 AARS。

3.路况自动化检测系统

第九章(路况自动化检测系统技术架构),根据路网监测、路况评定、养护决策、养护设计和资产管理等路况指标自动化检测技术需求,通过路面纵断面状况、路面横断面状况、路面表面损坏状况、路面表面构造状况、路面空间几何状况和路面空间资产状况自动化检测技术集成,构建了一个能够实现 28 项路况指标同步快速采集的路况自动化检测系统技术架构。

基于大量装备的路况快速检测系统 CiCS 的工程应用经验,分析了路况自动化检测系统的平台组成、各细分路况检测单元的参数配置和平台软件的功能需求。在此技术架构基础上,根据不同任务、不同层次的路况自动化检测指标需求,通过模块化组合可实现各类功能不同、从复杂到简单、从多指标多功能到单一指标单一功能的路况自动化检测系统快速集成。

4.路况数据分析处理与集成

第十章(路况数据分析处理与集成),基于路况自动化检测系统的工程化应用经验,分析了路况自动化检测的质量管理与质量保证的技术需求,介绍了路况自动化检测质量管控和数据处理的技术架构及支撑技术,阐述了路况分析的主要内容和路况数据在空间与时间序列上的可视化集成。

5.工程化验证、认证与应用

主要内容包括,路况自动化检测技术的工程化验证、国际认证和工程化应用。

第十一章(工程化验证与认证),针对路况自动化检测系统的稳定性、可靠性、操控性和准确性的验证与认证需求,基于路况快速检测系统 CiCS 的工程化验证与国际认证经验,介绍了路况自动化检测系统实验验证、场地验证和公路验证的主要内容、验证项目和验证方法,分析了 SCANNER 国际认证的主要过程、测试方法和认证标准。

第十二章(工程化应用),概述了公路养护科学决策技术体系的内涵及公路资产管理系统、公路自动化检测系统和配套技术标准等各组成部分的内容和作用;分析了路况自动化检测技术 10 多年大规模工程化应用及其对我国公路养护科学决策体系快速形成的促进作用;展望了路况大数据对公路养护发展的潜在意义、未来公路养护的技术需求及关键技术的发展方向。

第二章　路况自动化检测指标体系

路况自动化检测指标体系，一定程度上能反映一个国家或一个地区一定时期公路养护的技术需求和技术能力。

路况自动化检测指标越多、检测精度越高，越能准确反映真实的公路技术状况，但是多指标、高精度，也意味较高的装备、检测、数据处理与数据存储成本。为了建立技术可行、经济合理、与行业发展相适应的路况自动化检测指标体系，本章通过回顾几十年路况自动化检测技术的发展历程，分析不同任务的路况自动化检测技术需求，总结归纳了多层次的路况自动化检测指标体系。主要内容包括：

(1)单项指标自动化检测(技术起源)；

(2)多指标同步快速检测(传承创新)；

(3)路况指标的工程应用；

(4)路况自动化检测指标体系。

第一节　单项指标自动化检测(技术起源)

路面平整度的传统测量方法是3m直尺，早在用3m直尺测量路面平整度之前，公路工程技术人员就已经认识到路面纵断面的高程变化及路面表面高差是影响行驶速度和行驶舒适性的主要因素。路面平整度大到一定程度能引起车辆剧烈震动和颠簸，并由此加速车辆配件损耗；施加于轮胎上的附加震动荷载，反过来也将加速路面的功能性和结构性损坏。

20世纪60年代，美国通用汽车研究所提出了用于评价汽车悬架性能的路面纵断面检测方法[2]，基于路面纵断面与车辆关联反应特性的数学模型，开发了用于路面平整度检测的反应类自动化检测系统RTRRMS(Response-type Road Roughness Measuring System)。

20世纪70年代，干线公路网的建设完成及公路发展重点由建设向养护转移，触发了发达国家公路养护检测的技术需求，带动了路面平整度等的自动化检测技术研究。其中，Karan等[3]还通过道路试验，研究了路面平整度对车辆行驶速度的影响，建立了路面平整度与车辆行驶速度关系模型。路面平整度的自动化检测，提升了公路管理机构对路面技术状况重要指标的掌控能力。然而，无标准约束的检测技术研发与应用也带来了许多技术问题。由于路面平整度缺乏量化统一的概念、指标及评价标准，导致不同方法、不同设备、不同区域、不同时间检测的路面平整度无法实施有效的关联比较。

20 世纪 80 年代，为了解决路面平整度检测数据在时间及空间上的可比性问题，世界银行[4]组织实施了巴西国际道路平整度实验（International Road Roughness Experiments），该实验的目的是通过比较当时世界正在使用的各类路面平整度检测设备，提出一个有广泛代表意义、具有时间与空间（时空）稳定性和可比性的国际平整度指数，通过国际平整度指数实现各类设备检测数据的有效转换。

巴西国际道路平整度实验涵盖了沥青混凝土路面、沥青表处路面、碎石路面及未铺装的砂石土路面。路面平整度检测采用了断面类和反应类两类设备。其中，断面类路面平整度检测设备，包括法国路桥实验室 LCPC（French Bridge and Pavement Laboratory）开发的 APL（Longitudinal Profile Analyzer Trailer）纵断面检测设备[5]，通过模拟水准测量，获得不含路面坡度和路面长波的纵断面相对高程；反应类路面平整度检测设备，包括拖车式颠簸累积仪[6]及车载式颠簸累积仪等设备，通过测量规定速度下单向颠簸位移累计值，计算路面平整度指标。在巴西国际道路平整度实验中，断面类设备为用于比较的基准设备，主要用于获得路面纵断面高程（Longitudinal Elevation Profile），计算路面平整度比较基准。

巴西国际道路平整度实验研究发现，特定条件下断面类路面平整度与反应类路面平整度具有良好的相关性，根据该实验结论，研究人员提出了国际平整度指数 IRI（International Roughness Index），并将各类路面平整度检测设备通过标定与国际平整度指数建立了联系。国际平整度指数 IRI 为平均矫正斜率 ARS（Average Rectified Slope），是一个无量纲指数，习惯上用 m/km 表示，为 80km/h 车速下 1/4 车 QCS（Quarter-Car Simulation）的模拟值。

巴西国际道路平整度实验研究解决了两个主要技术问题，一是证明了给定条件下反应类设备之间存在良好的数据关系，明确了所有反应类设备均可与断面类设备检测数据有效关联；二是提出了国际平整度指数 IRI，并通过实验赋予其物理意义。根据该实验研究成果，世界银行研究制定了《道路平整度检测与标定指南》（Guidelines for Conducting and Calibrating Road Roughness Measurements）[7]，自此各种路面平整度检测数据有了统一的衡量尺度和时空（时间与空间）稳定的国际平整度标准，也为各类单项指标路面平整度自动化检测系统的大规模工程化应用奠定了技术基础。

巴西国际道路平整度实验研究影响深远，世界上多数国家仍在使用 35 年前世界银行开发的国际平整度指数 IRI 及其标定方法。同一时期，以 Deflectograph 为代表的路面自动弯沉仪 ABB(Automated Benkelman Beam)和以 SCRIM 为代表的路面抗滑性能检测系统 RiCS(Resistance information Collection System)[8]等单项指标单一功能自动化检测系统也实现广泛的工程化应用。路面平整度、路面弯沉和路面横向力系数等单项指标路况自动化检测技术的发展，支撑了 20 世纪公路网发达国家的大规模路况检测工作。

第二节　多指标同步快速检测(传承创新)

20 世纪 90 年代，激光测距技术及图像采集技术的进步，促进了路面平整度、路面车辙、路面构造深度和路面表面损坏等路况指标自动化检测技术研究和工程应用。在此后的 30 年里，路况自动化检测技术迅速实现了从单项指标、单一功能到多指标、多功能，从简单单一到高度集成的同步自动化快速检测，形成了各类路况自动化检测系统，包括 HARRIS(Highway Agency Routine Road Investigation System，英国 TRL)、ARAN(加拿大)、NSV(Network Survey Vehicle，澳大利亚 ARRB)、PAVSCAN(英国 WDM)、Waylink(美国)、ROMDAS(Road Measurement Data Acquisition System，新西兰)和 CiCS(中国)。路况自动化检测系统的工程化研发及应用，为公路网大规模路况自动化检测提供了技术保障。为了规范路况自动化检测工作，许多国家和国际组织建立了各类路况自动化检测与评定标准，提出了满足不同任务需求的自动化检测路况指标。

一、英国 SCANNER 采用的路况指标

英国建立的 SCANNER 国家公路网路况评定标准[9,10]为包含 6 类 39 项指标的路况自动化检测指标体系。满足 SCANNER 标准要求的路况自动化检测称为 SCANNER 检测。除此之外，英国还有 TRACS(TRAffic-speed Condition Surveys)检测[11]，主要用于干线公路路况自动化检测。

TRACS 适用于英格兰地区高速及干线公路(Trunk Road Network of England)路况自动化检测。英格兰干线公路路况检测工作由英国公路署 HA(Highway Agency)直接委托英国运输研究所 TRL(Transport Research Laboratory)负责实施，从 2000 年开始 TRL 每年实施一次全面的 TRACS 检测，在此之前英格兰干线公路路况检测一直沿用 HRM(High-speed Road Monitor Surveys)检测。

SCANNER 是由 TRACS 发展而来的检测方法，主要适用于英格兰地方公路网(Local Authority Road Network in England)、苏格兰国家公路(National Network in Scotland)、北爱尔兰干线公路(Designated Road in Northern Ireland)和威尔士国家公路网(National Network in Wales)的路况自动化检测。SCANNER 的路况指标及检测方法与 TRACS 有许多相似之处,主要指标包括:①位置信息(Geographical Position),经度、纬度及海拔高度;②路面空间几何状况(Geometry),检测间距为 5m,每 10m 计算一组路面坡度、路面横坡和曲率半径数据;③路面纵断面(Longitudinal Profile),单侧检测,检测间距为 0.1m,每 10m 计算一组路面平整度 3m LPV 或 10m LPV(Longitudinal Profile Variance)或 ELPV(Enhanced LPV);④路面横断面(Transverse Profile),最小检测宽度为 3.2m,用模拟 2m 直尺计算路面车辙深度 RD(Rutting Depth),每 10m 计算一组路面车辙和横断面均方差 TPV(Transverse Profile Variance of Mean)等指标;⑤路面构造深度断面(Texture Profile),纵向检测间距为 1mm,每 10m 计算一组路面构造深度 MPD(Mean Profile Depth)等指标;⑥路面裂缝等损坏(Cracking and Other Surface Defects),检测宽度为 2.9m,每 10m 统计一组路面裂缝损坏数据。

SCANNER 及 TRACS 的原始检测数据 RCD(Raw Condition Data),通过检测数据预处理软件(Machine Survey Pre-processor),转换成英国公路署路面管理系统 HAPMS(Highway Agency Pavement Management System)或英国路面管理系统 UKPMS(United Kingdom Pavement Management System)[12]可读格式的 BCD(Base Condition Data)。BCD 是 HAPMS 及 UKPMS 路况评价、病害诊断、需求分析、效益评价和投资决策的基础路况数据。

二、北美地区采用的路况指标

与复杂的 SCANNER 路况自动化检测指标体系相比,北美地区的路况检测指标体系只包括了关键的路况指标,路况指标不超过 10 项,检测数据主要用于网级(Network Level)路面养护决策。2003 年,TRB[13]针对美国和加拿大两个国家的路况自动化检测技术做过一次调查,如表 2-1 所示,调查的主要指标为路面裂缝、路面平整度、路面车辙和路面错台(Joint Faulting)。

北美地区路况自动化检测指标　　表 2-1

项　目	路况指标(%)			
	路面裂缝	路面平整度	路面车辙	路面错台
自动化检测	53	93	89	53
自动识别	27	—	—	—
半自动识别	6	—	—	—
人工识别	67	—	—	—

从汇总的调查数据看，约90%的管理机构采用激光、超声波和红外线等传感技术检测路面平整度和路面车辙两项数据，50%以上的管理机构采用图像技术采集含有损坏的路面图像，通过自动、半自动和人工三种方法识别路面图像中的裂缝损坏，其中路面裂缝人工识别比例为67%、自动识别比例为27%。表2-1中数据显示，路面错台是水泥路面损坏的主要形式之一，在北美地区路况自动化检测中，半数以上的管理机构有水泥路面错台的检测需求。

2013年，美国加利福尼亚州要求辖区公路网按APCS(Automated Pavement Condition Survey)[14]标准检测路面各项指标，通过路面纵断面、路面横断面、路面损坏图像、路面前方图像和地理信息的自动化检测，计算路面裂缝、路面坑槽、表面剥落、路面车辙、路面错台、路面平整度和路面构造深度7项路况指标。

三、世界银行的路况指标

世界银行[15]，将路况自动化检测分为网级养护决策、项目级养护设计(Project Level)和科学研究(Research Level)三个层次。其中，满足网级养护决策的路况指标，包括功能性(路面平整度、路面车辙)、结构性(路面弯沉、路面裂缝等)和安全性(路面抗滑性能、路面构造深度)3类6项指标。表2-2为世界银行提出的路况指标基本需求及相关的检测方法。除路面弯沉和路面抗滑性能外，其余指标均可通过路况自动化检测系统检测。由于高速激光弯沉检测设备尚未实现规模化应用，目前路面弯沉主要依靠路面自动弯沉仪ABB和落锤式弯沉仪FWD(Falling Weight Deflectometer)检测，检测数据分别对应的是路面回弹弯沉和路面冲击弯沉，两者具有不同的检测原理与检测方法，检测数据也不具有稳定的关联关系。

世界银行路况自动化检测指标　　表2-2

路况指标		传统检测方法	自动化检测方法
路面裂缝	DR	人工调查	图像采集技术
路面平整度	IRI	3m直尺	激光测距技术
路面车辙	RD	直尺	激光测距技术
路面构造深度	SMTD	铺砂	激光测距技术
路面抗滑性能	SFC	摆式摩擦系数仪	横向力系数自动检测技术
路面弯沉	l	贝克曼梁	路面弯沉自动检测技术

四、PIARC 的路况指标

2013 年，世界道路协会 PIARC[16] 对德国、加拿大、新西兰、荷兰等 10 个国家和地区开展了路况自动化检测指标问卷调查。根据调查数据分析(表 2-3)，上述国家和地区共采用了 8 项路况自动化检测指标，包括路面平整度、路面结构强度、路面车辙、路面裂缝、路面抗滑性能、路面坑槽、波浪拥包和条状修补。其中，大部分国家主要检测路面平整度、路面结构强度、路面车辙、路面裂缝和路面抗滑性能 5 项路况指标。在调查的北方国家和地区中(瑞典、加拿大魁北克、荷兰)，将路面坑槽、波浪拥包和条状修补也列为自动化检测的路况指标。

PIARC 路况自动化检测指标 表 2-3

国家或地区	路面平整度	路面结构强度	路面车辙	路面裂缝	路面抗滑性能	坑槽	波浪拥包	条状修补
加拿大	+	+	+	+	+			
爱沙尼亚	+	+						
德国	+		+	+	+			
匈牙利	+	+						
日本	+							
荷兰	+				+		+	
新西兰	+		+		+			
挪威			+					
瑞典						+		+
加拿大魁北克	+		+	+	+	+	+	

2018 年，世界道路协会技术委员会(PIARC Technical Committee D. 1)在为《道路资产管理手册》[17]研究提出的路况指标中，将 12 类路况指标分为功能性指标和结构性指标，功能性指标又分为服务性指标和安全性指标。如表 2-4 所示，结构性指标包括路面弯沉、路面裂缝、路面表面缺陷(坑槽、剥落等)、路面变形(拥包波浪等)和路面车辙；服务性指标包括国际平整度指数 IRI、服务性能指数 PSI、四分之一车指数 QI；安全性指标包括路面宏观构造深度、路面微观构造深度、路面抗滑系数和国际摩擦指数 IFI。

PIARC 路况指标分类　　表 2-4

指标分类	分类细化	路况指标
功能性指标	服务性指标	国际平整度指数 IRI
		服务性能指数 PSI
		四分之一车指数 QI
	安全性指标	路面宏观构造深度
		路面微观构造深度
		路面抗滑系数
		国际摩擦指数 IFI
结构性指标	结构性指标	路面弯沉
		路面裂缝
		路面表面缺陷
		路面变形
		路面车辙

五、我国标准采用的路况指标

2007 年，交通运输部发布了《公路技术状况评定标准》(Highway Performance Assessment Standards)(JTG H20—2007)[18]，规定在公路技术状况评定工作中，至少需要检测路面损坏、路面平整度、路面车辙、路面抗滑性能和路面结构强度 5 项路况指标；2018 年修订的《公路技术状况评定标准》HPAS(JTG 5210—2018)[19]，在原有 5 项路况指标基础上，增加了路面跳车和路面磨耗两项路况指标。

与《公路技术状况评定标准》(JTG 5210—2018)配套的《公路路面技术状况自动化检测规程》(Specifications of Automated Pavement Condition Surveys)(JTG/T E61—2014)[20]和《多功能路况快速检测设备》(Multifunctional High-speed Highway Condition Monitor)(GB/T 26764—2011)[21]，规定了路面裂缝、路面平整度、路面车辙和路面构造深度等路况指标的准确性验证方法、验证标准和检测质量控制要求。

为了充分利用路况自动化检测系统采集的路况数据，JTG/T E61 标准引进了路面裂缝率、轮迹带裂缝率和横向裂缝率等一批新的路况指标，其中路面裂缝率是各类路面裂缝的函数，沥青路面裂缝类型包括纵向裂缝、横向裂缝、龟裂和块裂等，水泥路面裂缝类型包括板块裂缝、板角断裂和破碎板等，路面裂缝要求采用机器自动识别，1mm 以上正常裂缝识别准确率达到 90% 以上。

第三节 路况指标的工程应用

路况自动化检测指标及检测数据有广泛的应用领域，包括路网监测、路况评定、路面养护决策与长期使用性能研究、全寿命路面养护设计等。

一、路网监测与路况评定

以10m为单元的SCANNER检测数据主要应用之一，是计算路况指数RCI(Road Condition Indicator)[22]、确定公路网RCI路况分布、监测公路网技术状况。RCI的影响因素包括路面车辙、3m LPV、10m LPV、路面构造深度、路面裂缝和轮迹带裂缝，如表2-5所示，各种路况指标在RCI模型中具有不同的权重及限值。

路况指标与路况评定 表2-5

检测指标	权重	公路等级	低限	高限
路面车辙	0.90	A、B	10	20
		C、U	15	30
3m LPV	0.80	A、B	4	10
		C、U	15	25
10m LPV	0.40	A、B	21	56
		C、U	45	130
路面构造深度	0.50	所有公路与城市道路	0.6	0.3
路面裂缝	0.35	所有公路与城市道路	0.15	2
轮迹带裂缝	0.45	所有公路与城市道路	0.5	5

JTG/T E61标准规定的检测单元长度为10m，其检测数据的主要应用之一，是公路技术状况评定和公路网技术状况监测。JTG 5210标准采用的路面技术状况指数PQI，是路面损坏、路面平整度、路面车辙、路面跳车、路面磨耗或抗滑性能的函数。在PQI模型中，路面抗滑性能与路面磨耗为二选一指标，二者只适用于高速公路和一级公路。

二、路面养护决策与长期使用性能研究

路面管理系统因需求不同采用的路况指标也各不相同，SCANNER检测数据主要用于英国路面管理系统UKPMS，TRACS检测数据只用于英国公路署路面管理系统HAPMS。我国干线公路路面管理系统CPMS(China's Pavement Management System)[23]的早期数据来源主要是路面颠簸累积仪自动检测[8]和路面损坏人工调查。路况自动化检测技术的成熟及JTG/T E61标准的工程化应

用,保证了 CPMS 路面养护决策的指标需求和检测数据的质量要求。

路面养护决策的主要技术依据是《路面管理系统技术要求》(Technical Requirement for Pavement Management Systems)(GB/T 32233—2015)[24]。路面管理系统的主要作用,是通过分析过去、现在和未来的路面技术状况、路面长期使用性能、全寿命周期费用,确定公路网当前及未来一定时期的路面养护需求和资金需求。路面管理系统所需数据,包括静态的公路属性数据和动态的路况数据[25]。

SCANNER 要求检测近 40 项路况指标,但并非所有数据都能用于 UKPMS 或 HAPMS 路面养护决策,有些数据主要用于路面长期性能研究或为将来科学研究储备数据。我国在开展沥青路面长期使用性能研究 LAPP(Long-term Asphalt Pavement Performance Research Program)[26]时,大量采用了多年积累的路况自动化检测数据。

三、全寿命路面养护设计

《英国路面与桥梁设计手册》[27]、《美国路面结构力学经验设计指南》[28]和《公路养护对策指南》[29]等均对路面大中修养护设计路况指标提出了具体的技术要求。基于 SCANNER、TRACS 及 JTG/T E61 标准检测的路面纵断面状况、路面横断面状况、路面表面构造状况、路面几何状况和路面空间资产状况类指标,可以用于全寿命路面大中修养护设计。除此之外,路面大中修养护设计还需实施详细的路况调查,包括路面弯沉检测、路面结构取芯、路面结构调查及路面内部损坏雷达探测等。

路面弯沉检测,通常采用路面自动弯沉仪 ABB。由于 ABB 检测速度只有 3.0～7.0km/h,检测过程经常干扰正常交通,为此英国不再通过 ABB 实施大规模的干线公路路面弯沉检测。ABB 仅用于小范围的路面大中修养护设计检测。

第四节　路况自动化检测指标体系

路况自动化检测需求贯穿公路养护各个环节,从路网监测、路况评定、养护决策、养护设计、日常养护到长期使用性能研究,都需要准确的路况自动化检测数据。

出于掌握公路技术状况、了解公路养护需求、优化公路养护技术政策等需求考虑,行业主管部门需要对全国公路网养护管理状况实施定期的监测,国家层面的公路网监测通常只采用路面平整度和路面破损等 2～3 项关键性的路况指标。交通运输部(原交通部)在 2005 年、2011 年、2015 年等实施了多次全国范围的大规模路况自动化检测，第一次只检测路面平整度 1 项指标，第二次增加了路面破损指标[30]，第三次又增加了路面车辙指标[31]。在这之前，由于缺乏路况自动化检测技术支撑，全国公路网路况监测主要采用人工调查方式。

我国公路网路况评定的主要依据是《公路技术状况评定标准》(JTG 5210—2018)，其中高速公路和一级公路检测 7 项路况指标，三、四级公路检测 3 项路况指标。标准规定的 7 项路况指标，为路面管理系统 CPMS 养护分析与决策需要的基本指标，除此之外 CPMS 还需要交通组成、轴载分布、车流速度、养护费用和用户费用等与公路养护相关的数据。

路面日常养护，需要损坏类型、损坏程度、损坏数量、损坏位置、损坏原因和损坏时间等更详细的路况信息。其中，沥青路面需要检测路面龟裂、块状裂缝、纵向裂缝、横向裂缝、沉陷、车辙、波浪拥包、坑槽、松散、泛油和修补 10 类损坏，水泥混凝土路面需要检测路面破碎板、裂缝、板角断裂、错台、拱起、边角剥落、接缝料损坏、坑洞、唧泥、露骨和修补 11 类损坏。

全寿命路面大中修养护设计，需要至少预测一个大修周期、多个中修周期、总共 20 年以上的路面长期使用性能、各年度发生的养护费用和对应的用户费用。与公路技术状况评定和路面管理系统决策需要的路况指标数量相比，基于全寿命周期费用分析的路面大中修养护设计，要求更多更详细的路况指标。

路面长期使用性能及路面损坏规律研究，需要大量的具有时间与空间可比性的路况数据，指标需求接近或超过 40 项。

图 2-1 概括了从行业主管部门公路网技术状况监测，到基层单位日常养护，包含了各层次路况指标的自动化检测需求；展示了路网监测、路况评定、养护决策、日常养护、养护设计和科学研究，由上至下、从宏观到具体、不同层次、不同任务的路况自动化检测指标需求分布情况。

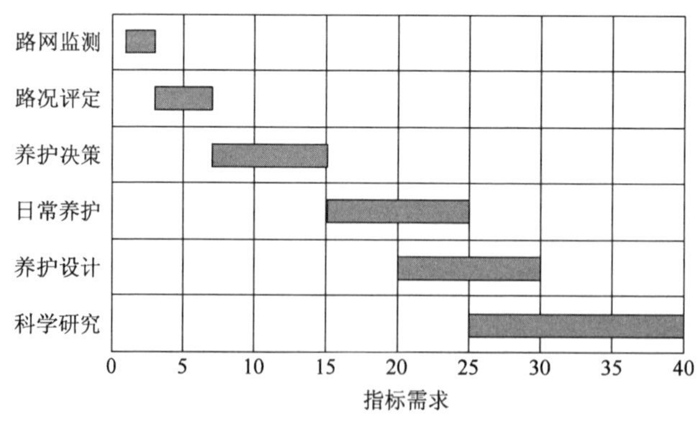

图 2-1　路况自动化检测指标需求

根据图 2-1 路况自动化检测的指标需求、我国路况自动化检测的技术能力和国际上路况检测的工程应用经验，在综合平衡指标数量、装备成本、运营费用、管理需求、养护需要和未来发展的基础上，归纳提出了表 2-6 所示的路况自动化检测指标体系 IPCS(Indicator System for Automated Pavement Condition Surveys)。IPCS 包括满足路网监测(3 项)、路况评定(7 项)、养护决策(12 项)、养护设计(26 项)和资产管理(4 项)不同任务不同需求的 5 类 30 项路况指标。

路况自动化检测指标体系 表 2-6

编号	任务类别	体系指标	路况指标
A	路网监测	3	路面破损率 DR
			路面平整度 IRI
			路面车辙深度 RD
B	路况评定	7	A 类指标 +
			路面结构强度 SSI
			横向力系数 SFC
			路面磨耗率 WR
			路面跳车 PB
C	养护决策	12	B 类指标 +
			路面构造深度 MPD
			3m 移动均方差 $ELPV_3$
			路面曲率 CR
			路面纵坡 GR
			路面横坡 SP
D	养护设计	26	C 类指标 +
			10m 移动均方差 $ELPV_{10}$
			轮迹带裂缝率 DR_w
			左轮迹裂缝率 DR_L
			右轮迹裂缝率 DR_R
			横向裂缝率 DR_T
			纵向裂缝率 DR_V
			左车辙 RD_L
			右车辙 RD_R
			车辙影响面积 RA

续上表

编　号	任务类别	体系指标	路况指标
D	养护设计	26	横断面均方差 TPV
			横断面绝对误差 AD
			左轮迹带路面构造深度 $MPD_{左}$
			车道中线路面构造深度 $MPD_{中}$
			右轮迹带路面构造深度 $MPD_{右}$
E	资产管理	4	资产类别 TA
			资产位置 PA
			资产尺寸 SA
			资产技术状况 CA

根据各项路况指标的数学或物理意义，路况自动化检测指标体系 IPCS，可进一步细分为路面纵断面状况（4 项）、路面横断面状况（6 项）、路面结构状况（1 项）、路面表面损坏状况（6 项）、路面表面构造状况（6 项）、路面空间几何状况（3 项）和路面空间资产状况（4 项）7 类属性不同的指标类别。如表 2-7 所示，在同一类别的细分路况指标中，每一项指标都能从不同角度反映和描述该类细分路况的某一方面技术特征。

细分路况自动化检测指标体系　　表 2-7

编号	指标类别	数量	路况指标
1	路面纵断面状况	4	国际平整度指数 IRI
2			路面跳车 PB
3			3m 移动均方差 $ELPV_3$
4			10m 移动均方差 $ELPV_{10}$
5	路面横断面状况	6	路面车辙深度 RD
6			左车辙 RD_L
7			右车辙 RD_R
8			车辙影响面积 RA
9			横断面均方差 TPV
10			横断面绝对误差 AD
11	路面结构状况	1	路面结构强度 SSI

续上表

编号	指 标 类 别	数量	路 况 指 标
12	路面表面损坏状况	6	路面破损率 DR
13			轮迹带裂缝率 DR_w
14			左轮迹裂缝率 DR_L
15			右轮迹裂缝率 DR_R
16			横向裂缝率 DR_T
17			纵向裂缝率 DR_V
18	路面表面构造状况	6	路面磨耗率 WR
19			横向力系数 SFC
20			路面构造深度 MPD
21			左轮迹带路面构造深度 $MPD_{左}$
22			车道中线路面构造深度 $MPD_{中}$
23			右轮迹带路面构造深度 $MPD_{右}$
24	路面空间几何状况	3	路面曲率 CR
25			路面纵坡 GR
26			路面横坡 SP
27	路面空间资产状况	4	资产类别 TA
28			资产位置 PA
29			资产尺寸 SA
30			资产技术状况 CA

第五节　本 章 小 结

基于对国内外路况自动化检测技术发展状况、路况自动化检测指标需求和公路养护技术发展方向的总体分析，归纳建立了满足路网监测、路况评定、养护决策、养护设计和资产管理等不同任务不同需求的 5 类 30 项路况自动化检测指标体系 IPCS。

路况自动化检测指标体系 IPCS 的 30 项路况指标，可细分为路面纵断面状况、路面横断面状况、路面结构状况、路面损坏状况、路面表面构造状况、路面空间几何状况和路面空间资产状况 7 类属性不同的指标类别。

第三章　路面纵断面状况检测

在过去的半个多世纪里，科研人员研究提出了多种路面平整度检测方法，包括3m直尺、水准仪纵断面测量（Rod & Level）、Merlin梁[32]、颠簸累积仪和激光断面仪。其中，车载式颠簸累积仪[8]和激光断面仪[33]为我国历史上应用规模最大的两种路面平整度自动化检测设备。但是，无论颠簸累积仪，还是激光断面仪，都存在着一些明显的技术缺陷。

车载式颠簸累积仪，通过测量载体与后轴之间的单向累积位移计算路面平整度指标，其准确性受载体质量和减震系统特性影响，同一设备在不同载体、不同速度、不同载重条件下会产生不同的检测结果。

激光断面仪，通过激光测距和加速度计位移测量，检测载体与路面间的距离，经过滤波处理获得路面纵断面的连续高程、计算路面平整度指标。大量检测数据证明，激光断面仪只在平直路段、匀速检测或允许的加速度变化范围内检测才能获得满足标准要求的路面纵断面高程数据，许多场合如弯道和拥挤或拥堵路段，载体的随机侧向或其他方向的倾斜运动，会使激光测距和加速度计位移各自发生偏离，二者叠加很大程度上降低了路面纵断面检测的准确性。

针对上述技术问题，本章在路面纵断面特征和主要检测方法简要分析的基础上，阐述了路面纵断面自动检测原理、方法、关键技术和各类路面平整度指标计算方法及准确性验证。主要内容包括：

（1）路面纵断面；

（2）路面纵断面自动检测原理；

（3）路面平整度；

（4）路面跳车；

（5）准确性验证。

第一节　路面纵断面

路面平整度，按检测原理和检测方法，分反应类和断面类两类检测技术。其中，反应类路面平整度检测，包括20世纪60年代以后国内外陆续开发和装备的RTRRMS、BI（Bump Integrator）和RRDAS[34]，均为基于颠簸测量的反应类检测技术。断面类路面平整度检测，为集成惯性位移与激光测距技术的检测方法，检测结果为路面纵断面连续高程。

21世纪初，加速度计位移测量、陀螺角位移测量、激光测距及纵断面滤波技术的成熟，为路面纵断面状况自动化检测技术创新提供了技术环境。

一、路面纵断面

在3D路面坐标系中（图3-1），3D路面的垂直投影为路面平面（平曲线）、正面投影为路面纵断面（竖曲线），与路面纵断面垂直的投影为路面横断面（图3-2），路面的平面、纵断面和横断面构成了三维的立体路面。

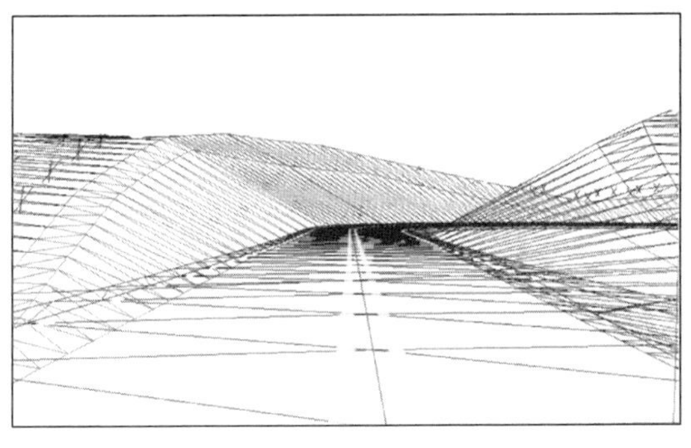

图3-1　3D路面

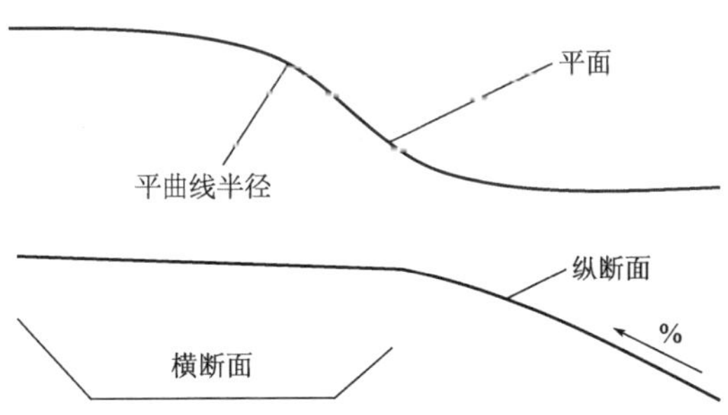

图3-2　路面构成（平面、纵断面、横断面）

路面纵断面，如图3-3所示，宏观上包括上坡、下坡和平坡，局部路段上包括凹凸不平，微观表面上有深浅不一的空隙和高低不一的粒料。路面的上下坡会影响车辆的行驶速度、油耗和轮胎磨耗；严重的路面凹凸不平能引起车辆颠簸、降低行驶舒适性、加速路面损坏；路面表面构造则是影响抗滑性能和行驶噪声的主要因素。

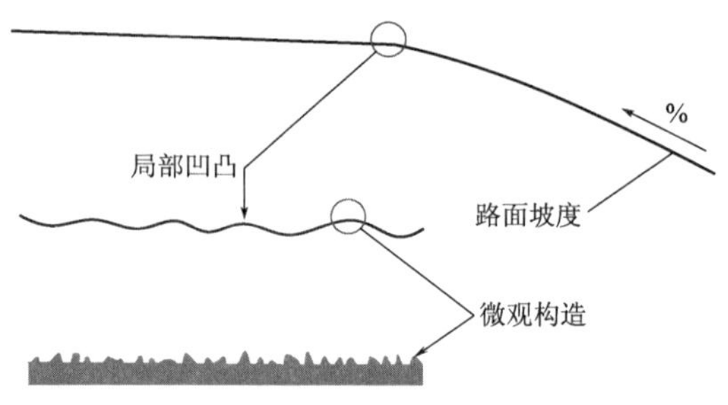

图 3-3　纵断面特征(宏观、局部、微观)

路面纵断面上的局部凹凸,是影响路面平整度的主要因素[4],获得包含路面凹凸信息的路面纵断面,是所有断面类路面平整度自动化检测技术研究的基础,一旦掌握了准确的路面纵断面高程数据,通过不同的数学模型设计,就可得到各种意义不同的路面平整度指标,包括:

(1)国际平整度指数(IRI);

(2)移动均方差(LPV_3、LPV_{10});

(3)增强移动均方差($ELPV_3$、$ELPV_{10}$);

(4)纵断面高差(h);

(5)路面跳车(BP)等。

二、路面纵断面检测方法

断面类路面平整度检测方法,包括3m直尺、水准仪、连续式平整度仪、惯性断面仪、激光断面仪和纵断面分析仪。断面类路面平整度检测的核心是获得准确的路面纵断面信息。

1.3m 直尺

早期人工路面平整度调查,采用的是3m直尺测量方法[35,36],通过一定数量的连续测量,获得3m直尺与路面表面的最大间隙等路面平整度指标。

2.水准仪

利用精密水准仪,通过测量路面纵断面上各测点(10~50cm间距)的绝对或相对高程,计算各类路面平整度指标。水准仪纵断面测量是目前为止最精确的路面平整度检测方法,由于路面纵断面水准测量速度慢、效率低,该方法通常用于其他检测方法的准确性验证或各类路面平整度自动化检测的数据标定。世界银行的道路平整度检测与标定指南[7]和我国的路面平整度检测标准[21]均将水准仪纵断面测量数据作为其他设备标定和校准的基准。

3.连续式平整度仪

连续式平整度仪,为最大测速不超过12km/h的低速断面类路面平整度检测设备,由两组8个行驶轮、1个测量轮和1套数据记录装置组成[37]。其中,8个行驶轮用于构建一个实时的3m直尺基准平面,测量轮位于两组行驶轮中间,测量过程中按10cm间距自动记录测量轮相对于3m直尺基准平面的纵向位移,每100m计算一个纵向位移的统计值(标准差)。

4.惯性断面仪

惯性断面仪由三部分组成:纵向加速度计、与载体物理连接的路面测距装置和车载计算机。惯性断面仪的工作原理是:将纵向加速度信号二次积分,获得载体纵向位移,通过位移反向矫正,构建一个实时的惯性测距基准或惯性基准平面。基于上述惯性基准平面,通过路面测距装置(连杆或钢索),测量路面与惯性基准平面间的距离,形成连续的路面纵断面高程。

采用激光测距技术时,上述惯性断面仪即为惯性激光断面仪,简称激光断面仪。

5.纵断面分析仪

纵断面分析仪(APL)为拖车式惯性断面仪,由测量轮、压载装置、车轮支承臂和低频惯性装置组成。其中,低频惯性装置用于提供实时的水平参考基准;测量轮支承臂用于确定其与水平参考基准之间的角位移。基于角位移数据,计算测量轮的纵向位移,连续的纵向位移即为路面纵断面相对高程。

在上述各类断面类检测方法中,激光断面测量方法具有更高的检测效率和测量精度,也更适合大规模的路况检测。

第二节 路面纵断面自动检测原理

路面纵断面自动检测需要多项关键技术支撑,包括不同量程的激光或其他方式的路面测距技术、纵向加速度计位移精准算法和惯性基准平面姿态矫正技术。

一、激光测距

激光测距装置如图3-4所示,主要由激光二极管、CCD激光接收传感器和内置微处理器组成。激光测距的原理是三角测量,其中激光二极管向路面发射激光,路面上的激光斑点以一定角度反射到CCD接收传感器,内置微处理器根据三角测量原理输出检测距离的电压信号,外接计算机根据电压信号计算激光测距装置至路面的距离(h)。

二、惯性基准平面

1.纵向位移

纵向加速度计的作用是计算路面颠簸等引起的载体纵向位移,通过位移反向矫正,构建用于激光测距的惯性基准平面。

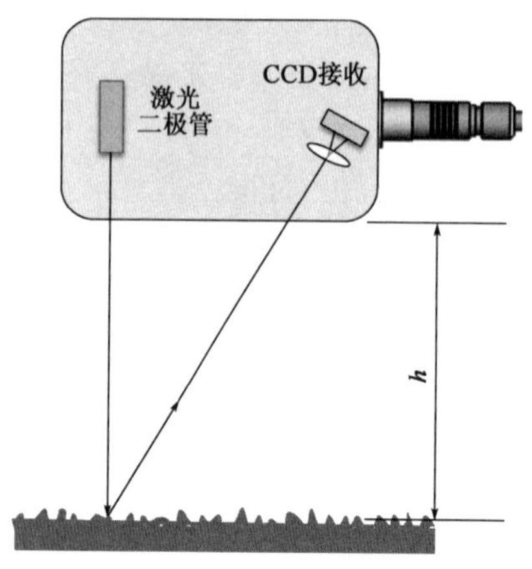

图 3-4　激光测距装置

载体在行驶过程中遇到的颠簸是随机的，为了获得准确的载体纵向位移，需将路面纵断面按里程桩号划分成若干(n)个微小路段，在此基础上计算载体的纵向位移：

(1)利用车载纵向位移加速度计，采集纵向位移初始加速度(a_{n-1})、末端加速度(a_n)、和时间(t_n)信息。

(2)根据获得的纵向位移加速度和时间(假设初始位移加速度 $a_0=0$、初始位移速度 $v_0=0$)，用式(3-1)计算任意微小路段末端的载体纵向位移速度(v_n)。

$$v_n = v_{n-1} + \left(\frac{a_{n-1}+a_n}{2}\right)t_n \tag{3-1}$$

(3)根据载体纵向位移速度，用式(3-2)计算任意微小路段末端的载体纵向位移(H_n)。

$$H_n = H_{n-1} + \frac{1}{2}\left[2 \times v_{n-1} + \frac{1}{2}(a_{n-1}+a_n) \times t_n\right] \times t_n \tag{3-2}$$

图 3-5 ~ 图 3-7 为载体颠簸过程的加速度、速度和纵向位移变化分布。其中，图 3-5 为纵向加速度计输出的纵向加速度，图 3-6 为纵向加速度经一次积分后的载体纵向位移速度，图 3-7 为纵向位移速度积分或加速度二次积分后的纵向位移分布或位移方程。

2. 惯性基准平面

根据载体纵向位移方程，通过反向位移矫正，得到图 3-8 所示的惯性基准平面。惯性基准平面为虚拟的激光测距参考基准平面，据此测量的路面纵断面，过滤了载体颠簸位移,保留了包含凹凸信息的路面纵断面高程。

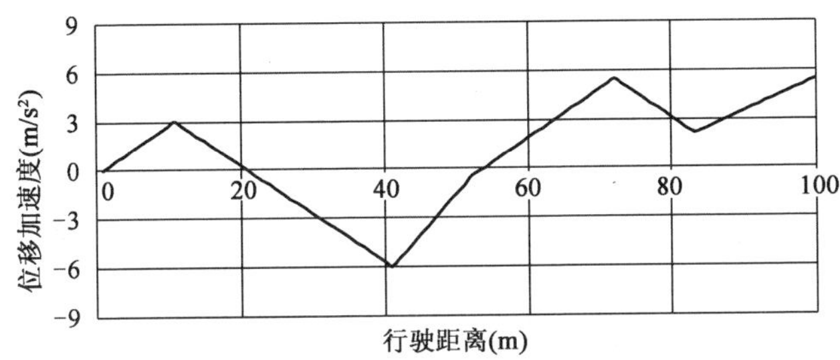

图 3-5　位移加速度(m/s^2)的距离(时间)变化

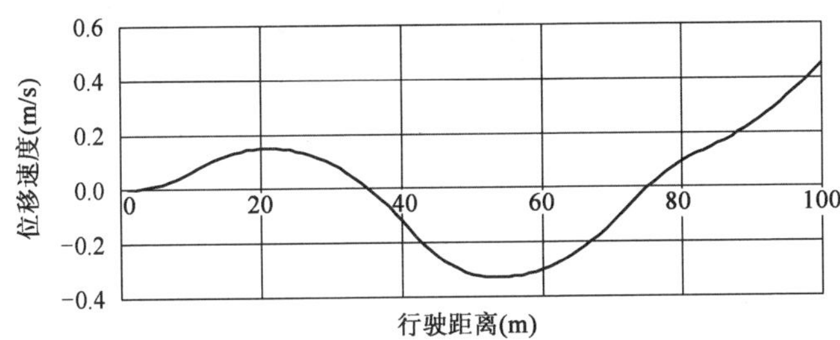

图 3-6　位移速度(m/s)的距离(时间)变化

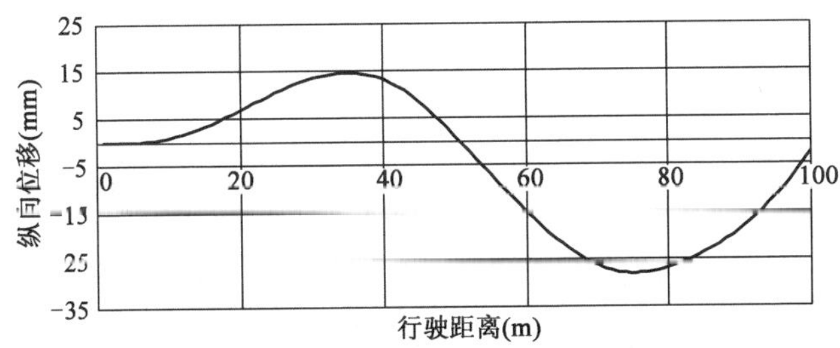

图 3-7　纵向位移(mm)的距离(时间)变化

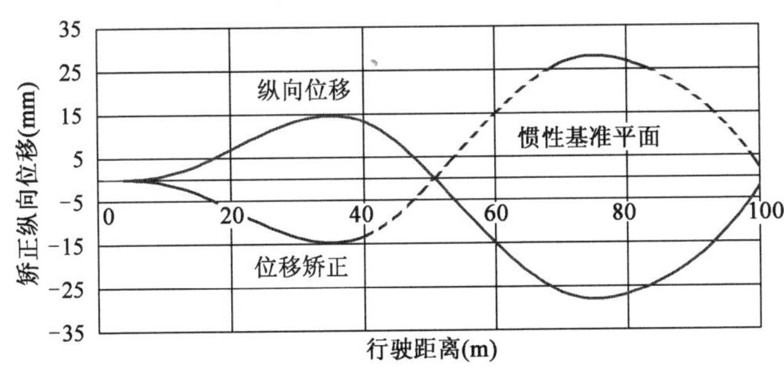

图 3-8　惯性基准平面

图3-9为无纵向颠簸情况下（加速度为0），激光测距装置检测的路面纵断面高程。

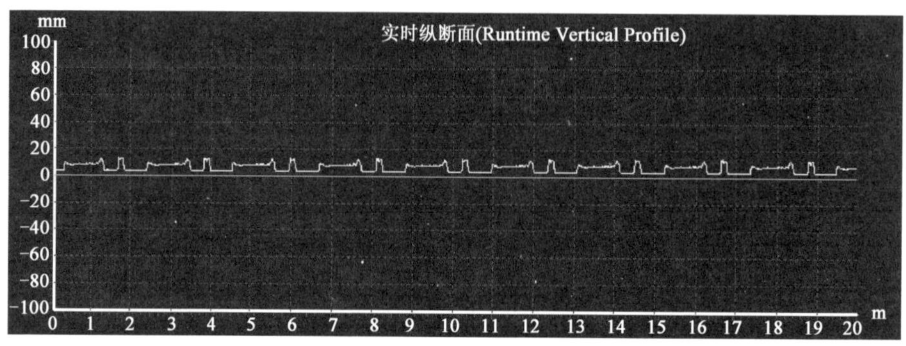

图3-9 惯性基准平面（无纵向颠簸位移）

图3-10为有纵向颠簸情况下，激光测距装置检测的路面纵断面高程，图中曲线描述了惯性基准平面的矫正作用。未经加速度位移矫正时，激光测距装置检测的路面纵断面上同时包含了载体纵向位移和路面凹凸两种信息；经过加速度位移矫正，从路面纵断面上分离出了载体的纵向位移，保留了准确的路面局部凹凸信息，形成真实的路面纵断面高程。矫正后的路面纵断面高程与没有纵向颠簸位移的路面纵断面高程相比，具有完全相同的路面纵断面特征。

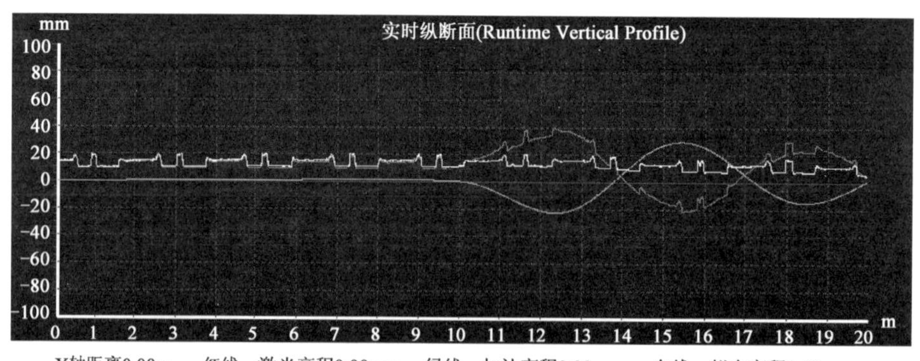

图3-10 惯性基准平面（纵向位移矫正）

三、姿态矫正

在实际路况检测过程中，载体不会与路面保持持续的垂直状态，很多情况下，尤其是弯道路段和加减速检测，载体（包括惯性激光检测装置）除了正常的路面颠簸外，还将发生不同幅度的前后左右倾斜，这种情况下检测的数据，无法用以确定准确的路面纵断面高程。

图3-11为集成上述激光测距技术和纵向惯性位移测量技术的路面纵断面检测装置在弯道路段上的检测结果[38]，从图中路面纵断面高程曲线分布看出，在路面平整（IRI 2.0m/km）的弯道路段（48～60m）上，用两种不同速度（v 和 $2v$）测量的路面纵断面具有完全不同的纵断面高程。其中，v 为最低有效检测速度，用 v 检测的断面高程分布与直线段（25～48m）上的路面纵断面高程没有明显差异，路面平整度计算结果接近真实的路况水平，并且测试结果具有稳定的重复性；用 $2v$ 检测时路面纵断面高程发生明显错位和偏移，并且弯道重复性测试存在显著变异。

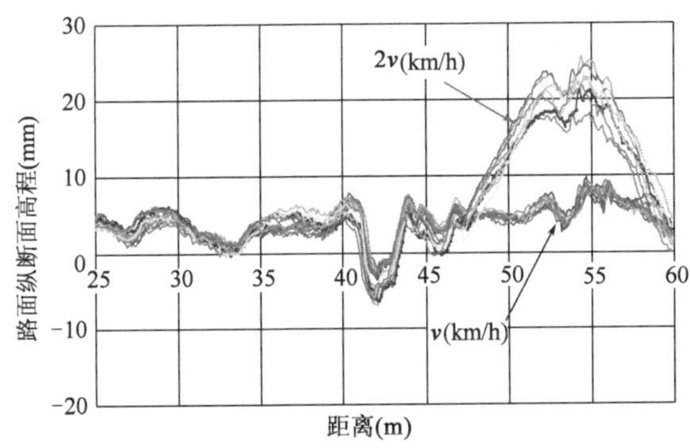

图3-11　弯道检测（极限小半径）路面纵断面高程（不同速度）

路面纵断面高程检测依赖两种距离信息，一种是由加速度计测量的载体或路面纵断面检测装置纵向位移，另一种是激光传感器测量的路面距离。

图3-12为不同速度下加速度计测量的载体位移，图中位移曲线反映了两种现象：载体纵向位移与检测速度有关，速度越快载体颠簸位移越大，直线段（40～48m）上的纵向位移差异可以说明这一现象；弯道上的纵向位移，尤其是快速检测，包含了正常路面颠簸引起的载体纵向颠簸位移和载体倾斜产生的纵向位移（48～60m）。

如图3-13所示，弯道路段上快速检测时，由于载体的倾斜，受重力分力因素影响，纵向加速度计测量的载体纵向位移（包括颠簸位移和倾斜位移）存在较大的误差和重复性变异，这些差异在弯道路段（48～60m）重复检测的路面纵断面（$2v$）高程分布上，也有明显的影响痕迹。

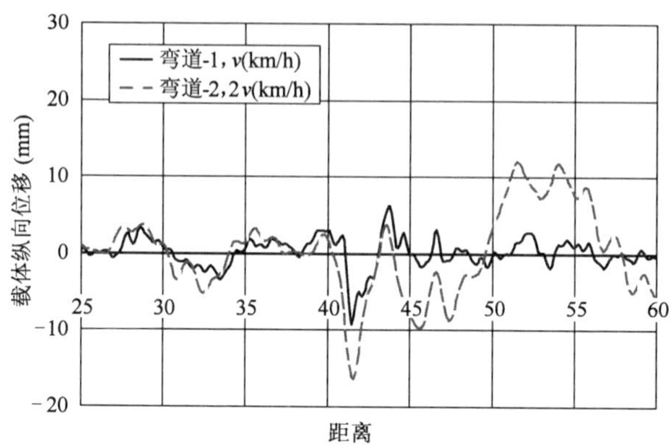

图 3-12　弯道检测（极限小半径）载体位移（不同速度）

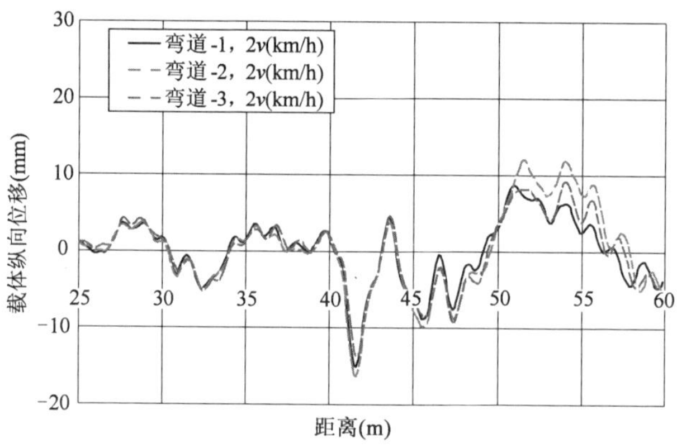

图 3-13　弯道检测（极限小半径）载体位移（相同速度）

载体的倾斜也影响激光传感器测量的准确性，图 3-14 描述了弯道路段上，载体在倾斜状态下测量的路面距离（h_m）与实际路面距离（h）的差异状况。

弯道路段上（包括加减速检测），由于加速度计位移测量技术和激光测距技术均存在不可避免的适应性缺陷，采用两种测距技术的路面纵断面自动检测，需要依靠其他方法或技术（如载体姿态实时矫正或断面滤波等）进行误差矫正，才能获得准确的路面纵断面高程。

1. 惯性位移矫正

为了解决载体随机性倾斜产生的激光测距不准问题，国家高技术研究发展计划（863 计划）项目研究[39]提出了基于姿态与惯性位移测量技术的载体姿态矫正方法。载体姿态矫正采用包含三轴陀螺仪和三向加速度计的惯性测量单元

IMU(Inertial Measurement Unit),其中三轴陀螺仪用于输出俯仰角(θ)、横滚角(γ)、方位角(φ),三向加速度计(X,Y,Z)用于提供前向加速度、侧向加速度和纵向加速度;根据测量的三向角度和三向加速度信息,计算激光测距装置的各向位移和角位移、测量激光测距装置的实时姿态,通过姿态矫正获得准确的惯性基准平面和测量距离。

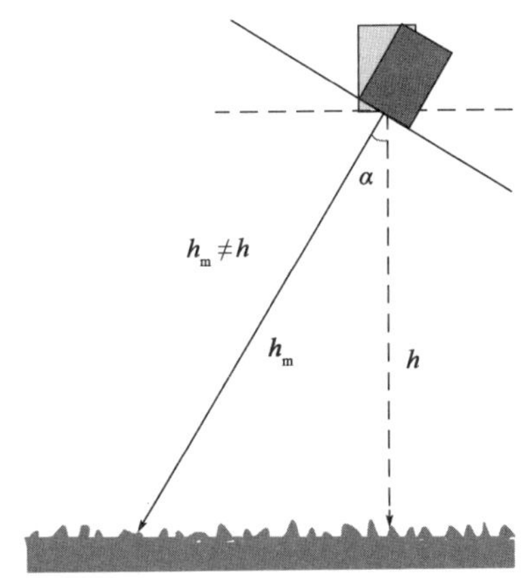

图 3-14　倾斜状态激光测距

姿态矫正包括载体的惯性位移矫正和激光测距矫正。其中,载体的惯性位移矫正,需要根据载体姿态计算重力加速度在载体垂直方向上的分量并从 Z 轴加速度数值中扣除,获得载体在垂直方向的加速度,通过二次积分计算载体的惯性位移。

2. 弯道路段激光测距矫正

当固定有姿态惯性位移测量装置和激光测距装置的载体行驶在弯道路段上时(图 3-15),横向加速度将使载体与水平面形成一个横滚角(γ)。

根据图 3-15 所示路面与载体的几何关系,载体与路面的实际距离(h)可通过式(3-3)获得。当路面横向坡度(α)为零时,载体至路面的实际距离(h)可通过倾斜距离(h_m)及载体横滚角(γ)修正得到;当路面横向坡度(α)不为零时,载体至路面的实际距离(h),需要用路面横向坡度(α)和载体横滚角(γ)两个参数同时修正。

$$h = h_m \cos(\alpha - \gamma) \tag{3-3}$$

式中:h——载体至路面的实际距离(mm);

h_m——激光测量的距离(mm);

α——路面横向坡度(与水平面夹角)(°);

γ——相对于水平面的载体横滚角(°)。

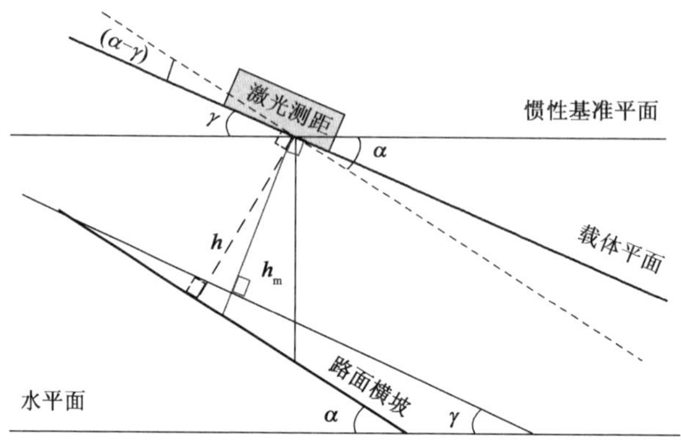

图 3-15　横向姿态矫正

路面横向坡度(α)可通过设计文件获取,或利用弯道载体力平衡方程确定。

3. 变速路段激光测距矫正

在拥挤路段、交叉路口等场合,当检测速度发生明显变化时($a_d \neq 0$),载体会因前后倾斜位移与路面形成一定的俯仰角(θ_n),如图 3-16 所示,此时激光测距装置测量的距离(h_m)是倾斜的,h_m 与实际距离(h)的关系见式(3-4)。

$$h = h_m \cos(\Delta\theta) \tag{3-4}$$

式中:$\Delta\theta$——俯仰角差(°),载体俯仰角(θ_n)与路面纵坡(θ_0)的差值;

θ_0——路面纵坡(°),前向加速度(a_d)为 0 时的载体俯仰角。

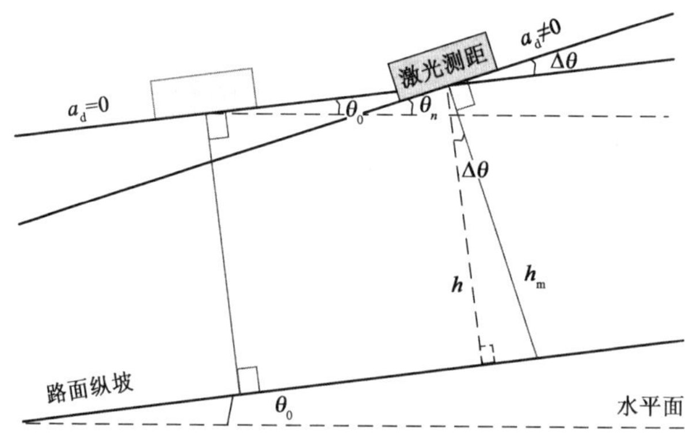

图 3-16　纵向姿态矫正

四、检测原理

适用于各种复杂路况和交通条件的路面纵断面自动化检测,至少需要 3 项功能互补的测量技术:

(1)激光测距技术,用于测量载体与路面的距离;

(2)纵向加速度传感技术,用于测量载体的纵向位移,形成用于路面纵断面高程检测的惯性基准平面;

(3)角位移传感技术,用于惯性基准平面的姿态矫正。

激光测距、位移测量和姿态矫正,三种技术的数学合成,为工程意义上路面纵断面精准测量的通用方法和路面纵断面自动检测的基本原理。

适用于各种复杂路况和交通条件的路面纵断面自动检测原理,在特定条件下,能够推演出多种简化且有一定准确性的路面纵断面自动检测方法,包括无姿态矫正(不依赖角位移传感技术)、无惯性基准平面(独立于纵向加速度传感技术)和无激光测距(不依赖于激光或其他测距技术)检测方法。

1. 无姿态矫正的惯性激光断面检测

无姿态矫正(不依赖角位移传感技术)的路面纵断面自动化检测,为《车载式路面激光平整度仪》(JT/T 676—2009)[33]规定的方法,该方法采用了纵向加速度位移测量和激光测距两项技术,适用于路面线形条件较好的国省干线公路路面纵断面自动化检测。无姿态矫正、不依赖角位移传感技术的检测方法,除了能降低检测技术的复杂程度,还能减少装备的成本。

2. 无惯性基准平面的激光模拟3m 直尺检测

线激光测量技术,提供了一种能在路面纵断面上,模拟3m 直尺的路面纵断面检测方法。模拟3m 直尺的激光测点数量根据需要设定,假设测点间距为5cm,则3m 直尺范围内共产生60 个路面纵断面激光测量数据。通过路面纵断面测量数据的几何转换,可形成以模拟3m 直尺为基准的局部路段2D 路面纵断面坐标系(图3-17),据此可确定3m 范围内路面纵断面各测点相对于模拟3m 直尺的距离。

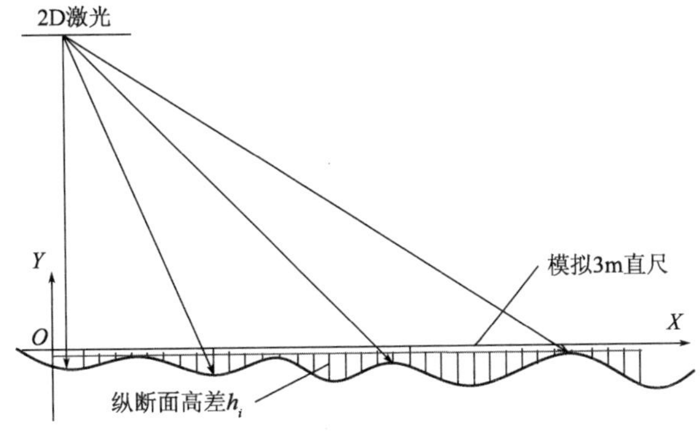

图3-17　模拟3m 直尺与纵断面坐标系

按一定步长(如5~10cm)连续移动激光模拟3m直尺,可获得连续的3m路面纵断面及动态的2D路面纵断面坐标系。

基于激光模拟3m直尺(低等级公路,也可采用2m直尺等)的路面纵断面检测方法,无需惯性基准平面,不依赖加速度计位移测量和角位移姿态矫正。激光模拟3m直尺路面纵断面检测方法,是传统3m直尺路面平整度检测方法的技术升级,主要特点是测点多、速度快、可实现连续的移动检测。

激光模拟3m直尺路面纵断面检测方法的主要缺陷是,路面纵断面高程只在模拟3m直尺范围内连续,模拟3m直尺之间的路面高程是不连续的,用作国际平整度指数IRI计算时,需要对检测数据进行数学处理,通过5cm移动激光模拟3m直尺间重复断面的数据匹配及拟合,获得连续的路面纵断面相对高程。

3. 无激光测距的惯性位移断面检测

将纵向加速度计,固定在加速度计支撑装置上,加速度计支撑装置一端固定于载体后轮轴、一端固定在载体侧面。假设行驶过程中轮胎的名义直径保持不变(轮胎无明显颠簸变形)、车轮平面始终与路面保持垂直(车轮在行驶过程中始终与路面保持紧密接触),此时车轮的纵向惯性位移(h),只因路面凹凸而变化、不受载体颠簸影响,理论上就是路面纵断面高程。按一定间距连续测量的轮胎纵向位移,可因此计算出连续的路面纵断面相对高程(图3-18)。

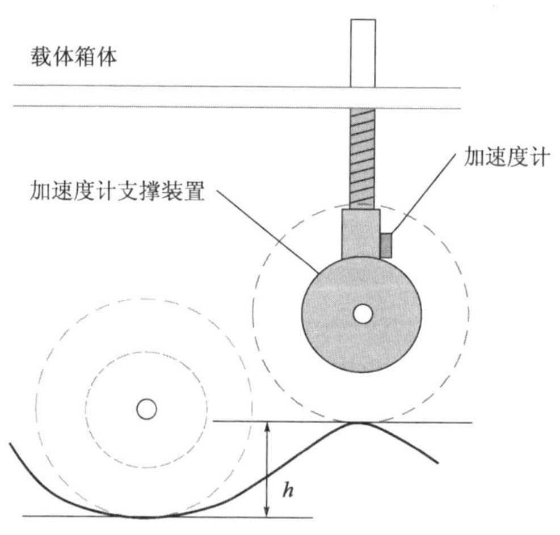

图3-18　惯性位移断面检测

基于纵向加速度传感技术的路面纵断面检测方法,无需激光或其他测距技术,加速度计的工作状态不受载体姿态变化影响,因而也不需要角位移传感技术姿态矫正。基于纵向加速度传感技术的路面纵断面检测方法,实际上是惯性断面仪工作原理的简化，主要优点是能够大幅度降低装备成本，缺点是轮胎名义直径的变化有可能降低纵向位移的测量精度，这种方法因此多适用于检测精度要求不高的农村公路路况检测。

第三节　路面平整度

断面类路面平整度指标，从计算方法上可分为三类：斜率类指标、方差类指标和高差类指标。其中，斜率类的代表指标是国际平整度指数 IRI。方差类的代表指标是移动均方差 LPV，LPV 为英国 SCANNER 国家公路网路况评定标准采用的路面平整度指标，2009 年 SCANNER[10]新增加了 ELPV 路面平整度指标，移动均方差 LPV 和增强移动均方差 ELPV 又分为 3m、10m 和 30m 三种滤波长度。高差类的代表指标是 3m 直尺最大间隙和平均间隙(h)。

一、国际平整度指数(IRI)

国际平整度指数 IRI[4]是路面纵断面高程的统计值，如式(3-5)所示，其物理意义是路面纵断面高程的平均矫正斜率。

$$\mathrm{IRI}=\frac{1}{n-1}\sum_{i=2}^{n}\mathrm{RS}_i \tag{3-5}$$

式中：IRI——国际平整度指数(m/km)；

RS_i——路面纵断面的矫正斜率；

n——测点数量。

路面纵断面的矫正斜率(RS_i)按式(3-6)计算。z_1、z_2、z_3、z_4 是 IRI 的变量，为路面纵断面高程的函数，上述变量用于模拟载体的动态反应状况，用式(3-7)～式(3-11)计算。

$$\mathrm{RS}_i=|z_3-z_1| \tag{3-6}$$

$$z_1=s_{11}z_1'+s_{12}z_2'+s_{13}z_3'+s_{14}z_4'+p_1Y' \tag{3-7}$$

$$z_2=s_{21}z_1'+s_{22}z_2'+s_{23}z_3'+s_{24}z_4'+p_2Y' \tag{3-8}$$

$$z_3=s_{31}z_1'+s_{32}z_2'+s_{33}z_3'+s_{34}z_4'+p_3Y' \tag{3-9}$$

$$z_4=s_{41}z_1'+s_{42}z_2'+s_{43}z_3'+s_{44}z_4'+p_4Y' \tag{3-10}$$

$$Y'=\frac{Y_i-Y_{i-1}}{\mathrm{d}x} \tag{3-11}$$

式中：s_{ij}——$i,j=1,2,3,4$，给定检测间距 $\mathrm{d}x$(如 0.25m)的计算系数(表 3-1)；

z_j'——$j=1,2,3,4$，初始变量；

p_j——$j=1,2,3,4$，给定检测间距 dx 的计算系数；

Y'——相邻测点间的纵断面高程斜率；

Y_i——测点 i 的纵断面高程(mm)；

dx——测点间距(m)，0.05～0.61m；

i——第 i 测点。

测点间距 $dx=0.25$m 的计算系数 表 3-1

s_{ij}				p_j
0.9966071	0.01091514	-0.002083274	0.0003190145	0.005476107
-0.5563044	0.9438768	-0.8324718	0.05064701	1.388776
0.02153176	0.002126763	0.7508714	0.008221888	0.2275968
3.335013	0.3376467	-39.12762	0.4347564	35.79262

式(3-7)～式(3-10)中的 z_1'、z_2'、z_3'、z_4' 为初始变量，用式(3-12)～式(3-14)确定。式(3-12)的常数为载体以 80km/s 速度行驶 0.5s 的距离(11m)，用 11m 的平均纵断面斜率作为求解 z_1、z_2、z_3、z_4 的初始值，将求得的 z_1、z_2、z_3、z_4 设为下一测点纵断面高程的 z_1'、z_2'、z_3'、z_4'，依次迭代，求解所有测点的 z_1、z_2、z_3、z_4。

$$z_1' = z_3' = \frac{Y_a - Y_1}{11} \tag{3-12}$$

$$z_2' = z_4' = 0 \tag{3-13}$$

$$a = \frac{11}{dx + 1} \tag{3-14}$$

二、移动均方差(LPV)

移动均方差 LPV[9] 的数学表达见式(3-15)，LPV 也是一个统计值，是路面纵断面高程的均方差。

$$\mathrm{LPV}_i = \frac{10^6}{J} \sum_{k=i}^{i+J-1} (d_k)^2 \tag{3-15}$$

式中：LPV_i——检测单元内测点 i 的移动均方差；

d_k——移动平均长度 L_m(Moving Average Length)内测点 k 的断面高程偏差；

J——检测单元的纵断面测点数；

10^6——单位转换常数(m^2 转化为 mm^2)。

测点 k 的纵断面高程偏差（d_k），为测点 k 的纵断面高程减去测点 k 的移动均值，按式（3-16）计算。

$$d_k = Y_k - \overline{Y}_k \tag{3-16}$$

式中：Y_k——移动平均长度内，测点 k 的纵断面高程；

$\overline{Y}_k$——移动平均长度内，测点 k 的纵断面高程移动均值。

移动平均长度 L_m 内，测点 k 的纵断面高程移动均值，按式（3-17）～式（3-19）计算。

$$\overline{Y}_k = \frac{1}{m}\sum_{j=i}^{j=i+m-1} Y_j \tag{3-17}$$

$$i = k - \frac{m-1}{2} \tag{3-18}$$

$$J = \frac{L}{l} \tag{3-19}$$

式中：Y_j——测点 j 的纵断面高程；

m——移动平均长度的纵断面测点数；

L——统计单元长度（10m）；

l——纵断面采样间距（0.1m）；

k——从 $0.5(m+1)$ 到 $M-0.5(m-1)$；

M——路线纵断面的测点总数。

移动平均长度 L_m 的纵断面测点数 m，按式（3-20）计算。纵断面采样间距为 0.1m 时，3m 和 10m 移动平均的纵断面测点数分别为 31 和 101。

$$m = \frac{L_m}{l} \tag{3-20}$$

增强移动均方差 ELPV 采用了类似移动均方差 LPV 的计算方法。移动均方差 LPV 和增强移动均方差 ELPV 本质上是固定长度的纵断面高程均方差，两者均要求对原始路面纵断面进行滤波处理，区别在于两者采用了不同的滤波方法，其中增强移动均方差 ELPV 采用的是高通滤波方法。

《公路路面技术状况自动化检测规程》（JTG/T E61—2014）采用了 10m 高通滤波方法，高通滤波更适用于路面纵断面的长波过滤。图 3-19 为未经滤波的原始路面纵断面检测数据，图 3-20 为 3m 和 10m 滤波的路面纵断面高程。从图 3-20看出，3m 滤波纵断面保留了波长小于 3m 的路面波长，10m 滤波纵断面保留了波长小于 10m 的路面波长，10m 滤波纵断面明显不同于 3m 滤波纵断面，两者也都不同于原始路面纵断面。

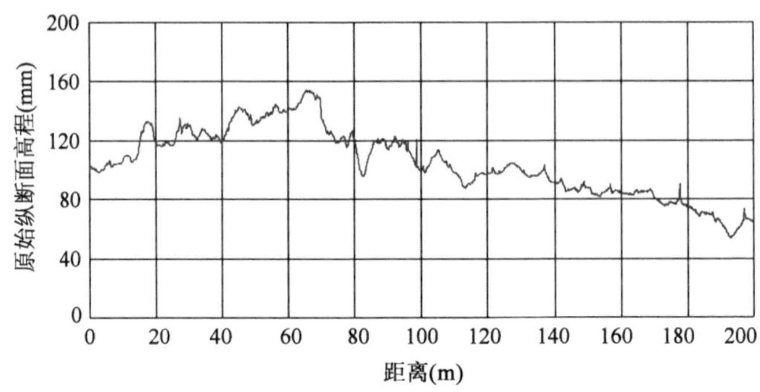

图 3-19 原始路面纵断面

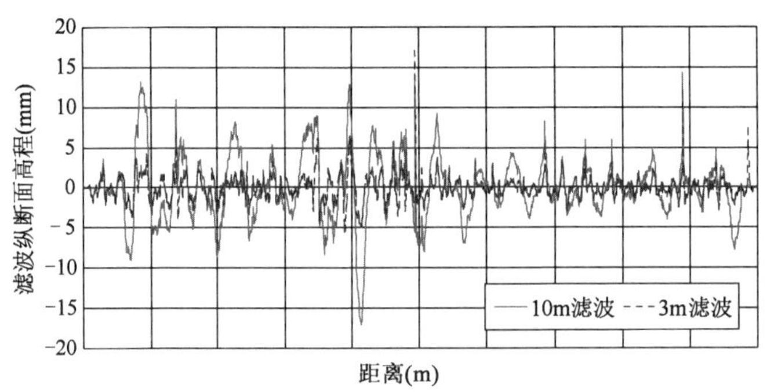

图 3-20 滤波路面纵断面

国际平整度指数 IRI,是世界普遍认可的路况指标,被纳入大多数国家的评定标准,但是 TRACS 和 SCANNER 两个标准均未采用 IRI 指标,而是采用了包含波长因素的 LPV 及 ELPV 路面平整度指标。LPV 和 ELPV 是专为 SCANNER 标准设计的用于评估行驶舒适性(Ride Quality)或路面平整度(Profile Unevenness)的路况指标。LPV 和 ELPV 为统计学上的纵断面均方差,是路面纵断面与滤波纵断面的个体数值偏差,其中滤波的核心是一个复杂的路面长波剔除算法,通过长波过滤消除几何因素(路面坡度等)对路面平整度的影响。

三、纵断面高差(h)

纵断面高差 h,为路面纵断面上各测点至激光模拟 3m 直尺的距离。基于纵断面高差 h,可获得多项路面平整度指标,包括 3m 平均高差 h_3 和 3m 最大高差 h_{max}。其中,3m 平均高差 h_3 为激光模拟 3m 直尺的所有纵断面高差的平均值[式(3-21)]。3m 平均高差 h_3 的物理意义不同于统计上的均方差或标准差。

$$h_3 = \frac{1}{n}\sum_{i=1}^{n} h_i \tag{3-21}$$

式中：h_3——3m 平均高差(mm)；

h_i——模拟 3m 直尺上激光测点 i 对应的纵断面高差(mm)；

n——模拟 3m 直尺的激光测点数量。

基于上述路面平整度指标，可确定一定长度(10m、100m 或 1000m)的统计指标，包括 3m 平均高差均值、3m 最大高差均值和 3m 最大高差分布等。

第四节　路面跳车

路面上的异常高差，经常会导致正常行驶车辆的突然颠簸或剧烈震动，这种现象为路面跳车。轻度的路面跳车会降低车辆行驶的舒适性；严重的可能造成车辆损坏，影响行驶安全。

路面上的异常高差主要有以下几类：

(1)水泥路面错台；

(2)沥青路面坑槽、拥包、沉陷和波浪；

(3)不规范的路面损坏修补；

(4)凸出或下沉的井盖；

(5)路面与桥梁、隧道、涵洞等构造物接缝处的纵断面变形。

异常高差引起的路面跳车是国内外共同关注的共性技术问题。综合国内外主要研究成果，路面跳车自动化检测，通常需要首先获得准确的路面纵断面信息，通过路面纵断面的数学统计分析确定路面跳车的位置和程度。路面跳车的常用计算方法，包括纵断面中心差分、局部 IRI 和断面高差。

1. *基于中心差分的计算方法*

英国 SCANNER 标准采用了路面跳车指标(Bump)，基于路面纵断面高程，通过中心差分确定路面跳车的程度和跳车位置。

(1)假设一段路面纵断面的高程数据为数组$\{d_j, z_j\}$。其中，z_j 是 d_j(m)点处的原始纵断面高程(mm)，通过中心差分，得到测点 j 处的纵断面斜率(P'_j)计算方法见式(3-22)。

$$P'_j = \frac{z_{j+1} - z_{j-1}}{d_{j+1} - d_{j-1}} \tag{3-22}$$

(2)利用式(3-22)，计算所有测点的 P'_j，得到数组$\{P'_j\}$。

(3)对$\{P'_j\}$二次中心差分，按式(3-23)计算所有测点 P''_j，得到数组$\{P''_j\}$。

$$P''_j = \frac{P'_{j+1} - P'_{j-1}}{d_{j+1} - d_{j-1}} = \frac{1}{d_{j+1} - d_{j-1}}\left(\frac{z_{j+2} - z_j}{d_{j+2} - d_j} - \frac{z_j - z_{j-2}}{d_j - d_{j-2}}\right) \tag{3-23}$$

(4)计算1m长度内{P'_j}和{P''_j}最大绝对值,得到含有跳车信息的数组{F'_i}和{F''_i}。按SCANNER规定,路面跳车的标准为F' 78.6mm/m和F'' 387.4mm/m^2。

(5)在路面纵断面任一1m长度范围内,如果$F' \geqslant 78.6$mm/m且$F'' \geqslant 387.4$mm/m^2,则认为该1m路面纵断面包含有路面跳车,标记为$B_i=1$,否则$B_i=0$。

(6)对整个路面纵断面,以1m为单位,利用上述方法和标准进行路面跳车分析,获得以1m长度为单位的数组{B_i}。假设统计单元的长度为10m,所有含有$B_i=1$的统计单元,均认定为路面跳车。

2. 基于局部IRI的计算方法

美国[40,41]采用了国际平整度指数IRI或局部IRI(Localized Roughness)路面跳车计算方法。利用路面纵断面高程,按一定长度如7.62m(25ft),计算国际平整度指数IRI,通过连续的局部IRI分析及阈值比较,确定路面跳车。基于国际平整度指数IRI分析的路面跳车计算方法,关键是阈值确定,AASHO给不同属性或等级的公路确定了不同的阈值范围。

3. 基于断面高差的计算方法

在《公路技术状况评定标准》(JTG 5210—2018)路面跳车评价模型研究过程中,根据路面跳车道路试验数据分析[42],提出了基于路面纵断面高差分析的路面跳车计算方法。该方法通过10m范围内路面纵断面高差分析,判断该区域是否存在路面跳车PB(Pavement Bumping)。

(1)判断依据为10m范围内路面纵断面高差。

(2)确定10m单元长度的路面纵断面高差,需要对100m路面纵断面高程做滤波处理,剔除桥梁伸缩缝等处可能存在的异常高程数据,消除路面纵坡对路面纵断面高差影响。

(3)路面纵断面高差为10m单元内路面纵断面最大高程与最小高程之差,按式(3-24)计算。其中,路面纵断面高程为自动检测数据,每0.1m计一个高程数据,10m路面纵断面共有100个高程数据。

$$\Delta h = \max\{h_1, \cdots, h_i, \cdots, h_{100}\} - \min\{h_1, \cdots, h_i, \cdots, h_{100}\} \tag{3-24}$$

式中:Δh——10m路面纵断面高差(cm);

h_i——第i点路面纵断面高程;

i——第i个高程数据。

(4)根据10m单元长度的路面纵断面高差Δh和表3-2规定的阈值确定路面跳车程度,路面纵断面高差Δh小于2cm时规定为无路面跳车。

路面跳车程度划分标准　　表 3-2

检测指标	轻度	中度	重度
路面纵断面高差 Δh(cm)	≥2,<5	≥5,<8	≥8

4.路面跳车算法比较

利用路面纵断面检测数据和路面跳车地点的现场调查数据,按上述三种路面跳车计算方法,得到图 3-21 ~ 图 3-24 路面跳车计算结果,分别为英国 SCANNER中心差分法(F'和 F'')、美国 ASSHO 局部 IRI 法和我国《公路技术状况评定标准》(JTG 5210—2018)断面高差法的路面跳车计算结果及程度分布。

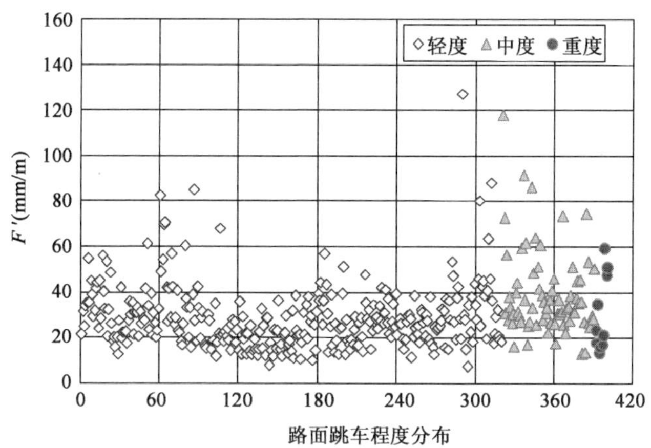

图 3-21　中心差分法(F'标准)

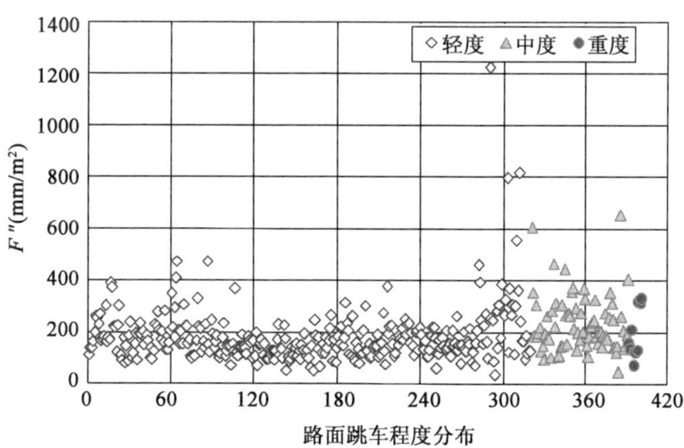

图 3-22　中心差分法(F''标准)

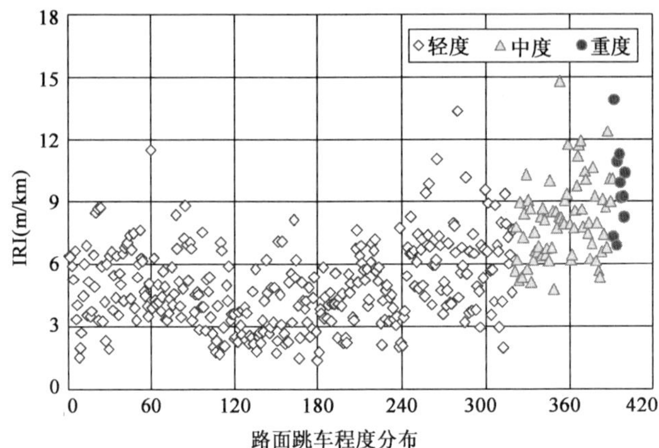

图 3-23　局部 IRI 法

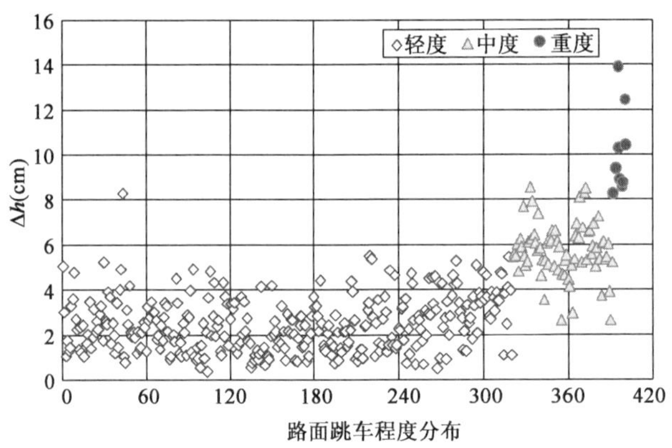

图 3-24　断面高差法

从图 3-21、图 3-22 路面跳车程度分布情况看，英国 SCANNER 采用的中心差分法，无论 F' 还是 F'' 标准，均无法有效区分路面上是否存在路面跳车，各种程度的路面跳车基本混合在一个数值区域，路面跳车程度与 F' 和 F'' 判断标准不存在明显的逻辑关系。

局部 IRI 路面跳车计算方法，要好于英国 SCANNER 采用的中心差分法。如图 3-23 所示，局部 IRI 数值越大，路面跳车程度越高，假设"中度"路面跳车阈值为 IRI = 8.0m/km，在大于阈值的路面跳车中，路面跳车计算准确率为 70%，有 30% 的中度跳车被误识别为轻度跳车；在低于阈值的路面跳车中，有 11% 的轻度跳车被误识别为中度及少量重度跳车。

路面纵断面高差（Δh）与路面跳车的关系，如图3-24所示，比局部IRI法更显著一些。假设"中度"路面跳车阈值为$\Delta h = 5\text{cm}$，在大于阈值的路面跳车中，路面跳车识别准确率为89%，有11%的中度跳车被误识别为轻度跳车。如图3-25所示（横向坐标为Δh），在低于阈值的路面跳车中，有4%的轻度跳车被误判定为中度跳车。

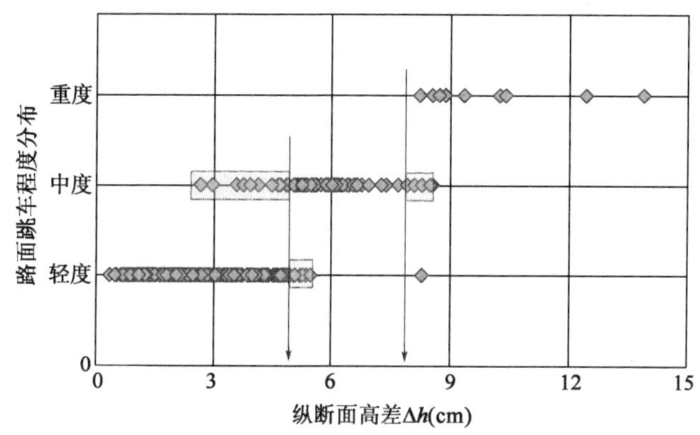

图3-25　断面高差法（程度分类）

5.路面跳车评定

为了客观评价路面跳车状况，国家工程中心组织研究了路面跳车评价方法[42]，建立了路面跳车指数PBI（Pavement Bumping Index）与路面跳车PB的关系，提出了相关的路面跳车程度划分标准，相关模型已纳入《公路技术状况评定标准》（JTG 5210—2018）。其中，路面跳车指数PBI按式（3-25）计算，每一个评定单元（1000m）计算一个PBI。

$$\mathrm{PBI} = 100 - \sum_{i=1}^{i_0} a_i \mathrm{PB}_i \tag{3-25}$$

式中：PBI——路面跳车指数，最大值为100；

PB_i——第i类程度的路面跳车（次数）；

a_i——第i类程度的路面跳车单位扣分，按表3-3的规定取值；

i——路面跳车程度；

i_0——路面跳车程度总数，取3。

图3-26为路面跳车自动化检测的应用实例（南京市，学则路）[43]。在这段路上，基于10m路面纵断面高差分析，共检测出5处路面跳车，其中桩号100m处的路面跳车产生原因，如路面前方图像所示，为井盖下沉和不规范路面损坏修补的共同作用。

路面跳车扣分标准 表3-3

类　别	跳车程度(i)	计量单位	单位扣分
1	轻度	处	0
2	中度		25
3	重度		50

图3-26　路面跳车自动化检测

第五节　准确性验证

国际平整度指数IRI、移动均方差LPV和3m平均高差h_3等断面类路面平整度自动化检测指标的准确性验证，包括有效性、重复性和相关性三类验证内容。

《公路路面技术状况自动化检测规程》(JTG/T E61—2014)要求验证有效速度、有效加速度(或减速度)、相关性、等速重复性和不同速度重复性，《多功能路况快速检测设备》(GB/T 26764—2011)还要求实施弯道检测的准确性验证，上述验证内容可归类为有效性验证或重复性验证。除了有效性、重复性和相关性三类验证之外，采用不同的路面平整度指标，还应分析指标之间的差异性。

表3-4为JTG/T E61标准规定的路面纵断面自动化检测准确性验证内容及要求。

路面平整度自动化检测准确性验证内容及要求　表3-4

类　别	验证内容	技术要求
有效性	有效检测速度	偏差在±4.00mm内的比例≥95%
	有效加速度	相关系数 $R \geq 0.85$
	有效弯道检测速度	平均相对误差 $\delta \leq 5\%$
重复性	等速重复性	变异系数 CV≤5%
	不同速度重复性	变异系数 CV ≤5%
相关性	相关性	相关系数 $R^2 \geq 0.99$

一、有效性

JTG/T E61 标准规定的路面纵断面自动化检测有效性验证方法如下。

1. 最低有效检测速度

(1)选择长320m的平直路段,用精密水准仪以0.25m间距测量路面纵断面各点高程,获得基准纵断面。

(2)以30km/h、20km/h、10km/h的速度匀速检测,重复三次采集不同速度的路面纵断面。

(3)对基准纵断面和检测纵断面进行10m滤波,计算检测纵断面与基准纵断面的偏差和比例,确定最低有效检测速度。

图3-27为10km/h低速检测10m滤波的路面纵断面和基准纵断面,显示出两者之间有良好的重复性。

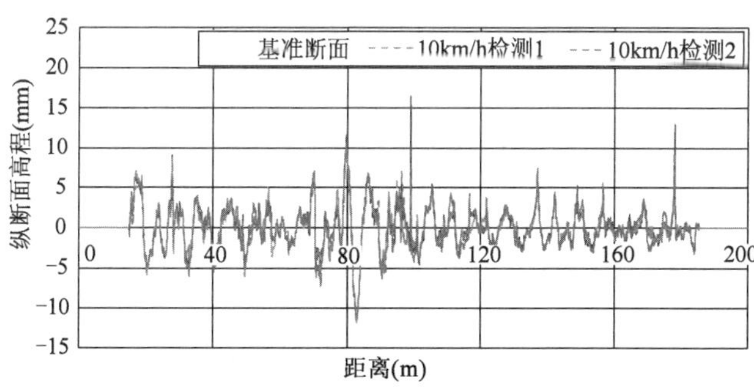

图3-27　最低有效检测速度验证(LPV_{10}滤波)

2. 最大有效加速度

(1)以70km/h匀速驶入上述路段,在180m长度内减速至20km/h后匀速驶出试验路段,重复三次。

(2)分别完成90m、72m、60m和45m的减速测试,获得不同减速距离的路面纵断面和加速度,按标准要求($R \geq 0.85$)确定最大有效加速度。

在加减速过程中,如图 3-28 所示,基于纵向加速度传感器的路面激光检测装置测得的路面纵断面与基准纵断面有明显的差异。处理加减速检测失真的方法有两种:一是姿态矫正,二是确定满足标准要求的最大有效加速度,超过最大有效加速度的路面纵断面高程为无效数据。

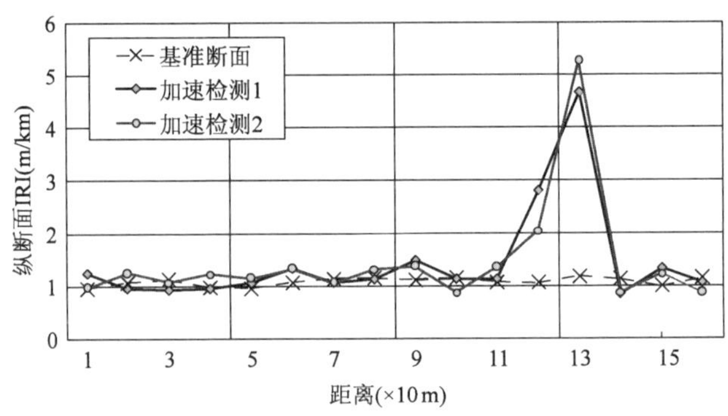

图 3-28　加减速检测对路面纵断面的影响

图 3-29 为根据最大有效加速度验证数据(北京永腾北路,2010 年)计算的路面纵断面高程分布,包括基准纵断面和 3 个平行减速检测的路面纵断面高程。从图 3-29 纵断面高程分布情况看,将检测速度从 60km/h 降到 20km/h 过程中检测的路面纵断面高程呈现了良好的重复性。

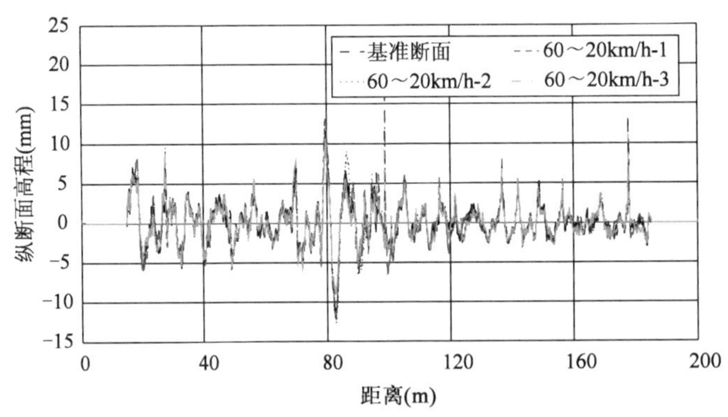

图 3-29　最大有效减速度验证(LPV_{10}滤波)

3. 最大有效弯道检测速度

根据《多功能路况快速检测设备》(GB/T 26764—2011)有关规定,弯道路面纵断面自动化检测的有效性验证,可采用如下方法:

（1）选择半径不大于200m、长200m的均匀弯道路段，用精密水准仪，以0.25m间距，测量路面纵断面各点高程，获得基准纵断面，计算基准IRI。

（2）以不同速度匀速检测弯道路段，重复3次，获得不同速度的弯道纵断面和IRI。

（3）按式（3-26），计算不同检测速度下IRI与基准IRI的平均相对误差，按$\delta \leq 5\%$标准，确定给定弯道半径的最大有效弯道检测速度。

$$\delta = \frac{|\mathrm{IRI} - \mathrm{IRI}_s|}{\mathrm{IRI}_s} \times 100 \tag{3-26}$$

式中：δ——相对误差（%）；

IRI——不同速度检测的IRI（m/km）；

IRI_s——精密水准仪测量的基准IRI（m/km）。

（4）按上述方法，通过不同弯道的验证，建立如式（3-27）所示不同弯道的最大有效弯道检测速度方程。

$$V_{\mathrm{cmax}} = f(R_{\mathrm{curvature}}) \tag{3-27}$$

式中：V_{cmax}——路面平整度的最大有效弯道检测速度（m/km）；

$R_{\mathrm{curvature}}$——弯道半径（m）。

在弯道路段路面纵断面自动化检测过程中，由于载体随机倾斜，按现有标准规定的方法，通过纵向加速度计位移修正获得的路面纵断面高程，与基准路面纵断面存在明显的差异，如图3-30所示（小半径$R=20\mathrm{m}$，桩号200～250m），不同速度有不同的纵断面检测结果[38]，计算的路面平整度也要明显不同于基准纵断面IRI。弯道检测有效性验证的目的，是确定最大有效弯道检测速度，避免工程检测过程中无效或错误数据影响检测结果的准确性。

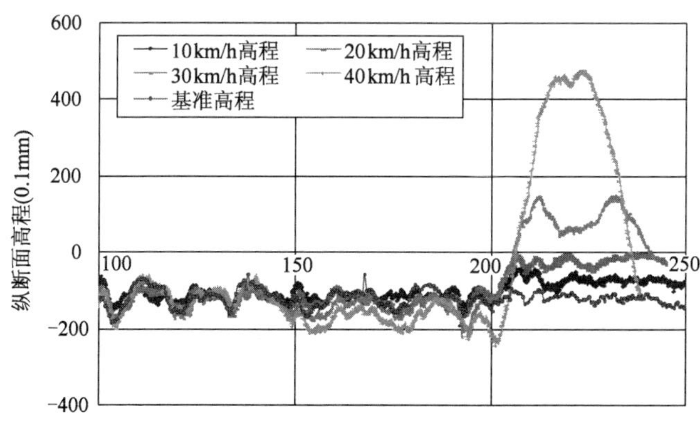

图3-30　最大有效弯道检测速度验证

二、重复性

《公路路面技术状况自动化检测规程》(JTG/T E61—2014)规定的路面纵断面自动化检测重复性(含不同速度)验证方法如下：

(1)选择长320m路面平整度均匀分布的平直路段。

(2)以50km/h匀速检测,重复10次,然后以30km/h和80km/h匀速检测,重复3次,计算各次测试的10m检测单元IRI。

(3)按式(3-28)和式(3-29)计算同一速度10次重复性检测的变异系数CV。

(4)计算不同速度(9次)重复性检测的变异系数CV(其中50km/h检测取前3次结果)。

(5)按CV≤5%标准要求,验证重复性。

$$\mathrm{CV} = \frac{S_{\mathrm{D}}}{\overline{X}} \times 100 \tag{3-28}$$

$$S_{\mathrm{D}} = \sqrt{\frac{1}{n-1}\sum_{i=1}^{n}(X_i - \overline{X})^2} \tag{3-29}$$

式中：CV——变异系数(Coefficient of Variance)(%)；

S_{D}——标准差(m/km)；

X_i——第i次检测结果(m/km)；

n——检测次数；

$\overline{X}$——n次检测均值(m/km)。

图3-31为两种不同速度10次检测的路面纵断面高程分布[44],变异系数为0.32%。

三、相关性

《公路路面技术状况自动化检测规程》(JTG/T E61)规定了如下的路面纵断面自动化检测相关性验证方法：

(1)选择4个以上长320m的平直路段,用精密水准仪,以0.25m间距测量路面纵断面各点高程,计算各路段的基准IRI。

(2)以50km/h速度,匀速检测各路段,重复3次,获得各路段的路面纵断面高程和平均IRI。

(3)通过各路段IRI与基准IRI的比较,计算相关系数(R^2),按R^2≥0.99标准要求确定路况自动化检测数据的相关性能。

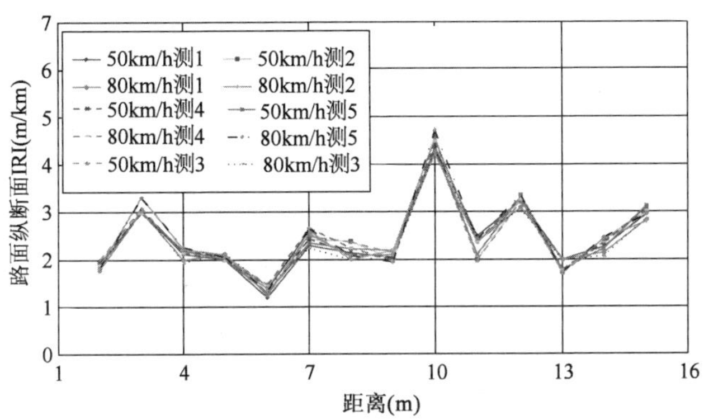

图 3-31　不同速度纵断面检测的重复性验证

图 3-32 为路面纵断面自动化检测数据的相关性验证实例(相关系数为 $R^2=0.995$)。

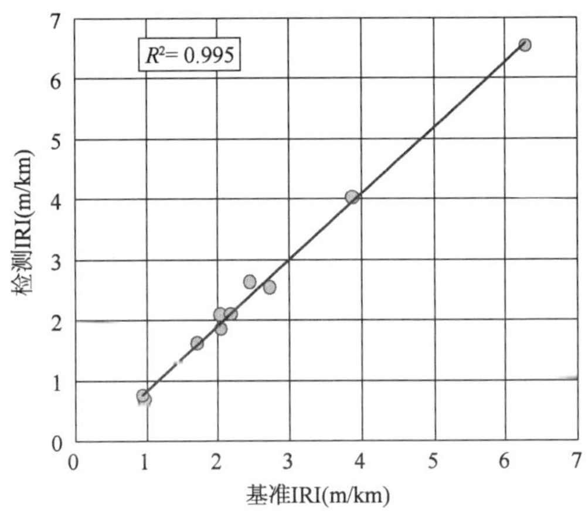

图 3-32　纵断面检测的相关性验证

四、差异性

图 3-33 和图 3-34 为国际平整度指数 IRI 和 3m 移动均方差 LPV 两个不同路面平整度指标的差异性验证实验分析结果(南京仙林路)。

如图 3-34 所示,国际平整度指数 IRI 和 3m 移动均方差 LPV,都可用于描述检测路段的路面平整度变化状况。与 IRI 相比,LPV_3 敏感且具有颠簸数值放大的特性,该特性可应用于路面日常巡查中错台、拥包、坑槽、波浪、井盖、接缝等变形类病害的自动化检测。

图 3-33　路面平整度指标的差异性验证

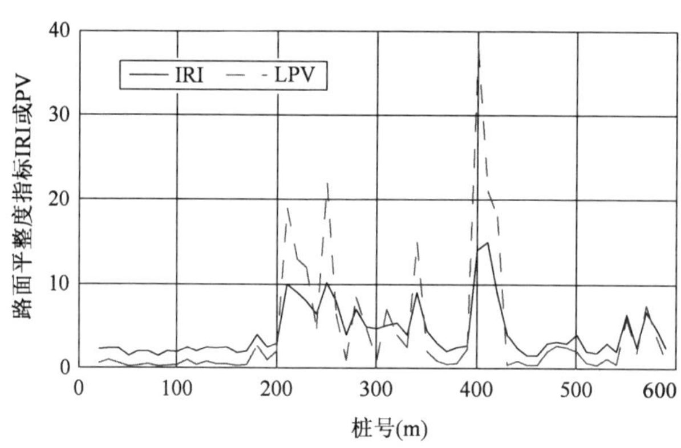

图 3-34　路面平整度指标的差异性分析

第六节　本章小结

本章在路面纵断面主要检测方法分析基础上，阐述了路面纵断面状况的自动检测原理，分析了斜率类指标、方差类指标、高差类指标和路面跳车等各类路面平整度指标的计算方法及包含有效性、相关性和重复性等内容的准确性验证方法。

第四章　路面横断面状况检测

路面车辙发展到一定程度将产生许多负面影响,包括降低道路行车安全和车流行驶速度,提升用户运营成本和路面养护费用。20 世纪 80 年代,为了解决路面车辙自动化检测技术问题,许多国家的公路研究机构研究提出了基于各类测距技术的路面车辙检测方法。20 世纪 90 年代以后,根据公路养护管理工作需要,我国也加强了路面车辙自动化检测技术的研究工作,并于 21 世纪初陆续发布了路面车辙检测与评定的相关标准,包括《车载式路面激光车辙仪》(JT/T 677—2009)[45]。

本章围绕路面横断面自动化检测,主要讨论如下五部分内容:

(1)路面横断面;

(2)路面横断面自动检测方法;

(3)路面横断面自动检测原理;

(4)路面横断面指标;

(5)准确性验证。

第一节　路面横断面

路面车辙在路面上的主要表现是两条平行的凹槽,在横断面上的主要特征是两个连续的车辙弯沉曲线。路面车辙的传统测量方法是 3m 直尺,如图 4-1 所示,通过测量路面横断面表面与 3m 直尺间的最大间隙,确定路面车辙深度。

图 4-1　路面车辙与 3m 直尺车辙测量

路面车辙自动检测方法与3m直尺车辙测量具有相似的检测原理，不同之处在于路面车辙自动化检测需要先测得完整的路面横断面高程或横断面轮廓，通过虚拟3m直尺或2m直尺（图4-2），测量横断面上各点与3m直尺间的距离。

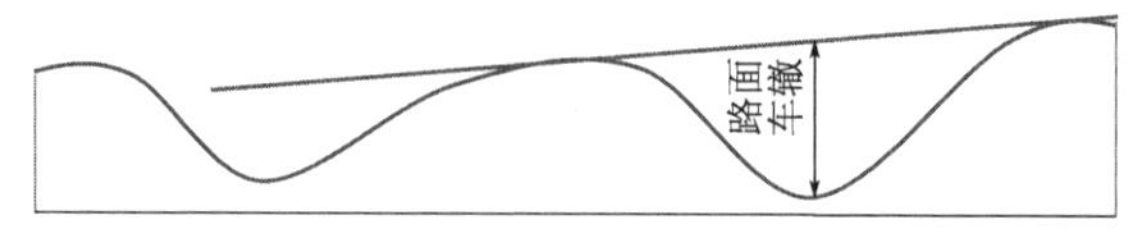

图4-2　路面横断面自动检测

路面车辙自动化检测的关键是获得连续的路面横断面，基于连续的路面横断面高程，通过设计不同的模型或算法，就可获得横断面平整度TPV、横断面高差AD和路面车辙深度RD等意义不同的横断面类路况指标。

第二节　路面横断面自动检测方法

根据国内外路面横断面状况自动化检测技术的研究分析，路面横断面状况自动检测主要分为梁式点激光和点式线激光两类检测方法。

一、梁式点激光检测

梁式路面横断面自动化检测，是通过安装在同一基准梁上的多个点式测距传感器，测量路面横断面不同位置处的相对高程（基准梁与路面之间的距离）。

基于上述方法，20世纪80年代美国先后开发了梁式超声波路面横断面检测装置，通过在横梁上安装3～5个超声波传感器测量路面横断面高程。为了获得更准确的路面横断面，加拿大和新西兰等有关公司将超声波传感器数量提高到37个。

20世纪末21世纪初，丹麦、英国和加拿大等国家的研究机构，利用梁式路面横断面检测方法和激光测距技术，开发了梁式点激光路面横断面自动检测装置，通过在横梁上安装7～21个点式激光传感器，获得更精确的路面横断面高程。由于激光传感器的采样频率、分辨率和测量精度远高于超声波传感器，梁式点激光路面横断面检测装置在检测速度、检测精度、纵向采样密度、检测宽度和准确性等方面都获得了大幅提升。

梁式点激光路面横断面自动化检测，需要有足够的测量宽度和合理的测点布局。英国SCANNER国家公路网路况评定标准要求梁式点激光路面横断面检测宽度不小于320cm，纵向检测间距不大于10cm，横向测点间距不大于30cm，传感器数量不少于18个，其中3个要求配置高精度激光传感器，用于检测三线（左轮迹带、车道中线、右轮迹带）路面构造深度。

我国《公路路面技术状况自动化检测规程》（JTG/T E61）规定，梁式点激光路面横断面检测装置的横向有效检测宽度不小于350cm，横向平均采样间距小于30cm，纵向采样间距在10cm以内。

二、点式线激光检测

点式线激光路面横断面检测，也为2D路面横断面测量，是通过一个激光器的路面横断面高速扫描，获得连续的2D路面横断面高程曲线（2D Pavement Profile），主要方法包括：

（1）基于相位测量激光雷达（Phase Measurement Laser Radar）和高速旋转多面体棱镜测量技术，通过大量程激光雷达的路面横断面检测，获得连续的2D路面横断面高程。路面横断面激光扫描速度通常在500～1000f/s以上，横向测点间距小于5mm，纵向检测间距在2.5cm以内。

（2）基于线结构光和面阵CCD相机技术，通过测量扇形激光在路面上的投影，获得包含路面横向坐标和路面高程信息的2D路面横断面高程曲线。线结构光路面横断面检测具有更高的精度，其横向测点间距可达到1～2mm，纵向检测间距小于1cm，检测精度约1mm。

第三节　路面横断面自动检测原理

一、路面横断面测量

图4-3为满足《公路路面技术状况自动化检测规程》（JTG/T E61）规定的梁式点激光路面横断面测点布局，图4-4为点式线激光路面横断面测点布局。上述两种方法均可用于路面横断面自动化检测，其中梁式点激光路面横断面的优点是单点测量精度高、易于集成用于路面构造深度测量的短量程高精度激光传感器，缺点是横向测点密度低；点式线激光路面横断面的优点是测点密度高，缺点是大量程激光测距精度相对较低，同时难以与其他短量程高精度测距传感器一体化集成。

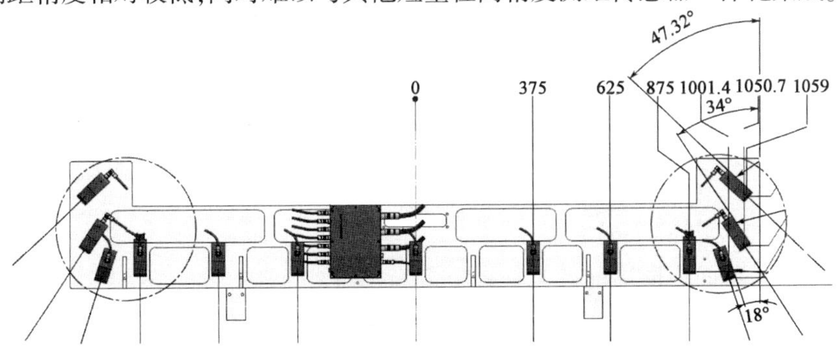

图4-3　梁式点激光路面横断面测点布局

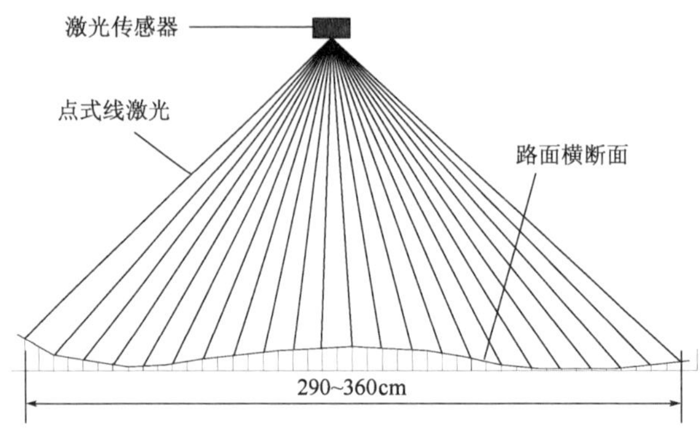

图 4-4　点式线激光路面横断面测点布局(测点间距 1 ~ 2mm)

二、动态基准断面

路面车辙检测,需要建立路面横断面各测点高程间的数学联系,形成可用于高程比较的基准断面。

基准断面的作用,是为梁式点激光或点式线激光测量的路面横断面各测点高程数据,提供一个具有可比性的统一基准坐标系,原理如图 4-5 所示,利用路面横断面测点中最大的检测距离或最大垂直距离(h_{max}),建立一个包含所有测点的直角坐标系,在坐标系中形成一个连续的坐标已知的路面横断面轮廓曲线,路面横断面轮廓曲线的纵向坐标可用式(4-1)表示[46],基于上述坐标系,利用角度可知的虚拟 3m 直尺获得路面横断面的各类统计参数。

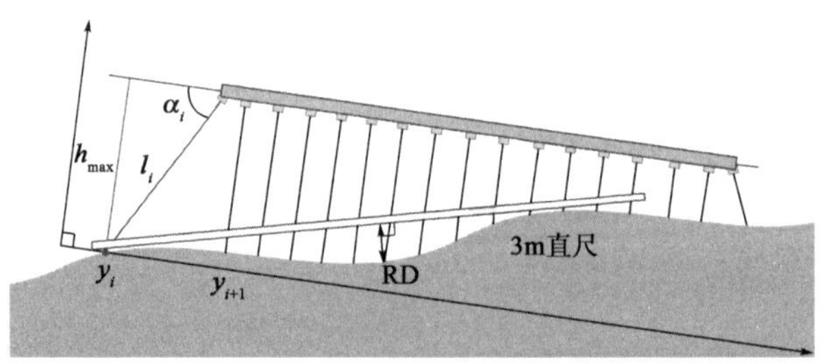

图 4-5　路面车辙测量基准断面

$$y_i = h_{max} - l_i \times \sin\alpha_i \tag{4-1}$$

式中:y_i——纵坐标(mm);

h_{max}——路面距横梁的最大垂直距离(mm);

l_i——第 i 激光传感器的测量距离(mm);

α_i——第 i 传感器的设计角度(°)。

由于每一个路面横断面都有不同的最大垂直距离(h_{max}),依此建立的基准断面,在纵向是非连续的,因此基准断面是动态和变化的。

三、连续基准断面

基于动态基准断面,可确定各横断面的高程或轮廓曲线(Transverse Profile)和路面车辙深度等路况参数。动态基准断面的优点是原理简单,能够用简单的方法快速检测路面横断面状况和路面车辙深度等路况指标,缺点是各横断面之间缺少可比较的纵向联系。

针对上述技术问题,通过在梁式点激光或点式线激光路面横断面检测装置上集成纵向加速度计(位移)和陀螺仪(角位移)或IMU惯性测量单元,将各横断面自动关联,就能获得连续的3D路面表面高程。利用3D路面表面高程数据,通过路面车辙信息提取及3D路面车辙凹槽建模,可计算路面车辙影响面积等更多的路面横断面参数。

四、横断面修正

利用上述方法检测的路面横断面为原始横断面,原始横断面需要通过断面修正才能用于路面横断面的参数提取和指标计算。需要修正的原始横断面主要有两类:无效横断面和异常横断面。

1. 无效横断面

《公路路面技术状况自动化检测规程》(JTG/T E61)规定的路面车辙计算单元长度为10m。按照10cm纵向采样间距计算,10m路面车辙计算单元共包含100个路面横断面。该规程规定,当横断面数据出现异常或横断面数据不完整时,该断面视为无效横断面,无效横断面数量超过计算单元横断面总数5%时,该计算单元的路面车辙为无效车辙。

英国SCANNER在判断横断面有效性时规定,路面横断面内任何一个点无效,则该原始横断面为无效横断面并且不能用于路面车辙参数计算。如果10m检测单元内无效横断面比例超过25%,则该10m检测单元为无效单元。

许多因素可能导致路面横断面高程超出正常范围,超出正常范围的原始横断面为无效横断面。如图4-6所示,检测位置偏离等,可能引起路面横断面边缘异常,这种情况下的检测数据无法判别路面横断面的有效轮廓,此类无效横断面可通过横断面边缘测点间的高程连线斜率分析判断。SCANNER规定,若边缘相邻测点间的高程连线斜率大于某一阈值如15%,则该横断面为无效横断面。

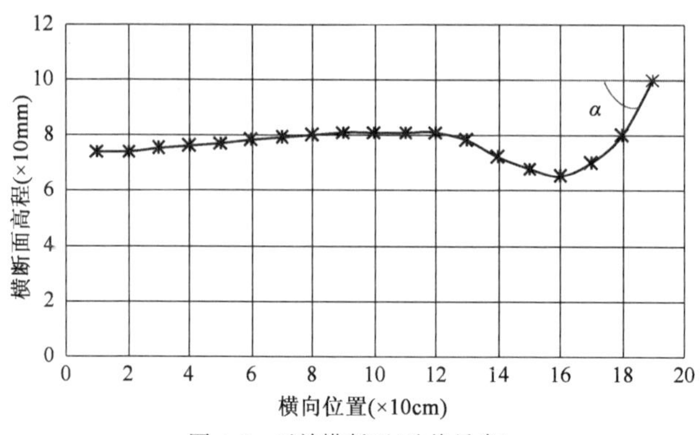

图 4-6　无效横断面(边缘异常)

2. 异常横断面

在路面车辙自动化检测过程中,经常会遇到原始横断面数据中包含路缘石或人行道等情况。路缘石或人行道可通过高差(h)阈值分析予以剔除(图 4-7),去除路缘石或路肩后的路面横断面可作为有效横断面使用。

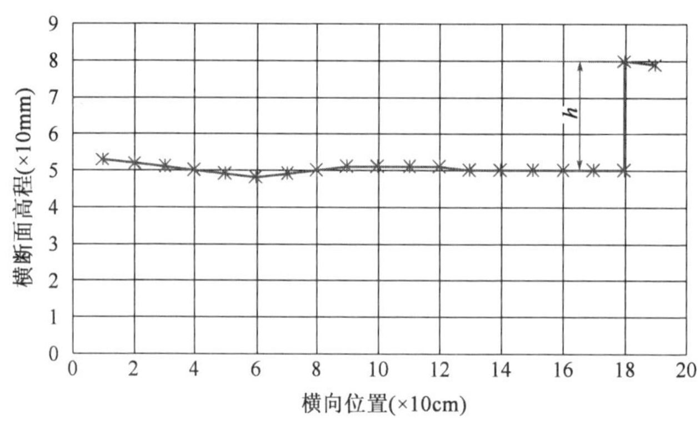

图 4-7　异常横断面(路缘石或路肩)

边缘堆积(图 4-8)和边缘沉陷(图 4-9)是路面横断面检测过程中可能经常遇到的异常状况,含有边缘堆积和边缘沉陷的路面横断面,需要通过路面横断面高程数据分析,找出并剔除边缘异常区域。

边缘异常区域的剔除可采用偏差纠正方法,扣除原始横断面边缘 D 范围内的边缘测点,将剩余测点线性拟合,计算拟合延长线与边缘测点的高程偏差,超过规定阈值的测点为异常点[47]。

路缘石、边缘堆积、边缘沉陷等许多因素能导致原始横断面异常,由此产生的异常横断面,通过局部异常测点的数学处理和断面修正,可继续用于路面车辙等横断面指标计算。

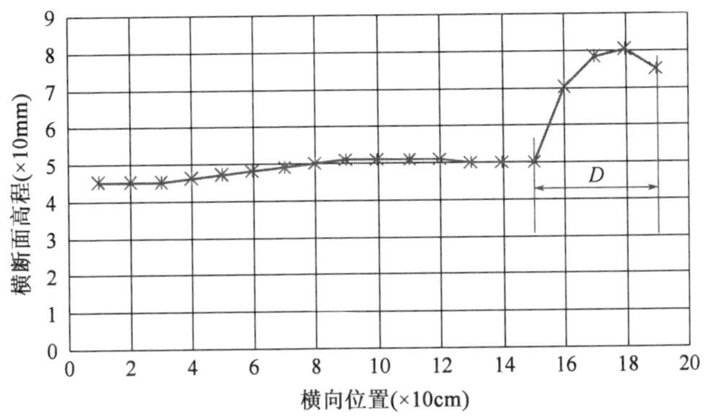

图 4-8　异常横断面(边缘堆积)

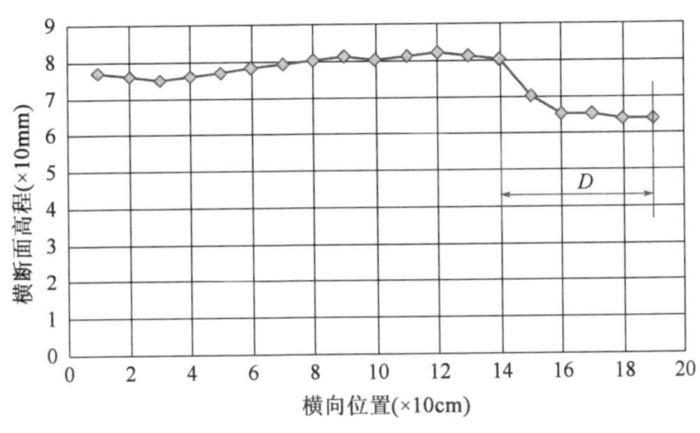

图 4-9　异常横断面(边缘沉陷)

第四节　路面横断面指标

按上述方法修正的原始横断面,不仅可计算路面车辙深度,还可用于计算横断面平整度和路面车辙影响面积等路况指标。

一、路面车辙深度

路面车辙深度可用直尺等不同方法测量,其中直尺测量方法因其原理简单应用方便,为英国 SCANNER、美国 LTTP、世界银行、世界道路协会 PIARC 等国家和国际组织采用。英国 SCANNER 用 2m 直尺作为路面车辙测量的标尺,美国 ASTM 采用了 2m、3m 和 3.66m 不同长度的标准尺度。

《公路路面技术状况自动化检测规程》(JTG/T E61)规定路面车辙用 3m 直尺测量。依据式(4-1)和修正后的原始横断面检测数据,建立每个检测断面的基准直角坐标系，通过模拟 3m 直尺计算左右轮迹处的路面车辙深度 RD_L 和 RD_R。

JTG/T E61 标准规定，路面车辙自动化检测，需要分别计算 10m 检测单元内所有有效横断面左车辙和右车辙的平均值，输出结果包括桩号、左车辙、右车辙和路面车辙深度(表 4-1)。

路面车辙自动化检测数据　　表 4-1

桩　　号	左车辙 RD_L	右车辙 RD_R	路面车辙深度 RD

《公路技术状况评定标准》(JTG 5210)规定，路面车辙深度 RD 采用路面车辙深度指数 RDI 评价，按式(4-2)计算。路面车辙深度指数 RDI 与路面车辙深度 RD 的关系如图 4-10 所示。

$$RDI=\begin{cases}100-a_0 RD & (RD\leqslant RD_a)\\ 90-a_1(RD-RD_a) & (RD_a<RD\leqslant RD_b)\\ 0 & (RD>RD_b)\end{cases} \tag{4-2}$$

式中：RDI——路面车辙深度指数(Pavement Rutting Depth Index)；

RD——路面车辙深度(mm)；

RD_a——路面车辙深度参数，采用 10.0；

RD_b——路面车辙深度参数，采用 40.0；

a_0——参数，采用 1.0；

a_1——参数，采用 3.0。

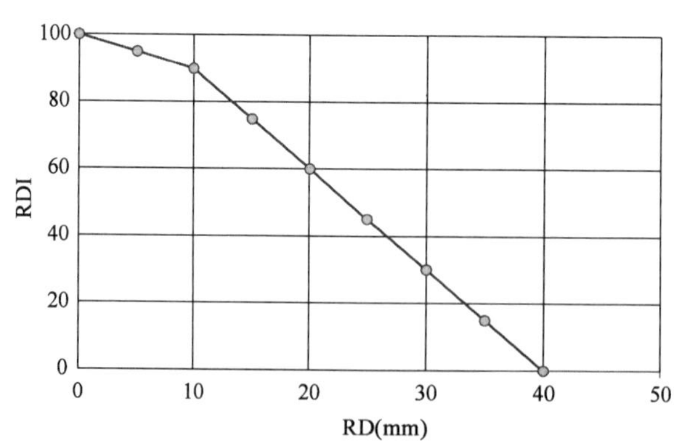

图 4-10　路面车辙评价(RDI-RD)

二、横断面平整度

路面横断面平整度，可用于评估路面横断面的平整性及路面养护需求，通常采用横断面均方差TPV（Transverse Profile Variance of Mean）、横断面一阶导数的绝对误差AD（Absolute Deviation）等统计参数。

在计算横断面均方差之前，需要对修正原始横断面各测点高程进行线性拟合，计算拟合直线的斜率，各测点高程减去拟合的直线方程，然后按常规统计方法计算路面横断面的均方差TPV。

英国SCANNER采用了横断面一阶导数的绝对误差AD指标，计算之前先消除横断面各测点高程的斜率及偏移（Slope and Offset），然后计算调整后横断面各测点高程的一阶导数的绝对偏差。

三、路面车辙影响面积

路面车辙影响面积，可用于评估路面车辙的影响范围、影响程度及处治工程量。计算路面车辙影响面积的关键是确定路面车辙边界点，车辙边界点可根据预设阈值（如5.0mm）确定，各横断面（如10cm间距）边界点的连线为路面车辙边界包络线（图4-11），车辙边界包络线的包络面积即为路面车辙影响面积RA（Rutting Aera）。根据路面车辙影响面积RA和路面车辙深度分布，也可以估算出路面车辙的处治工程量。

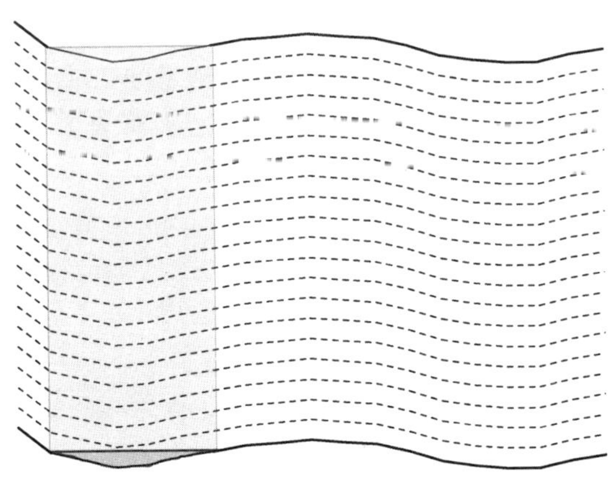

图4-11　路面车辙影响区域

第五节　准确性验证

路面车辙自动化检测的准确性验证，包括有效性、重复性和相关性三类验证内容。《公路路面技术状况自动化检测规程》（JTG/T E61）要求验证有效检测宽度、车辙检测精度和等速重复性三项内容,《多功能路况快速检测设备》(GB/T 26764)还要求验证检测指标的相关性,条件具备的时候验证弯道、加速、低速等特殊条件下路面车辙检测的准确性。

表 4-2 为国家及行业相关标准规定的路面车辙自动化检测准确性验证的主要内容及技术要求。

路面车辙自动化检测准确性验证内容及技术要求 表 4-2

类　别	验证内容	技术要求
有效性	有效检测宽度	≥3.5m
	检测精度	误差在 ±1.5mm 以内的数据比例 ≥65%
		误差在 ±3.0mm 以内的数据比例 ≥95%
重复性	等速重复性	变异系数 $C_V \leq 5.0\%$
	不同速度重复性	变异系数 $C_V \leq 5.0\%$
相关性	—	相关系数 $R \geq 0.95$

一、有效性

路面车辙自动化检测有效性验证,包括有效检测宽度和路面车辙检测精度两项内容。

1. 有效检测宽度

JTG/T E61 标准规定的路面横断面有效检测宽度验证方法为钢尺测量。利用钢尺测量静止状态下路面车辙检测装置两个外侧激光测点间的距离,据此判断检测宽度的有效性。

2. 车辙检测精度

JTG/T E61 标准的路面车辙检测精度验证方法如下:

(1)选择 4 个以上长度不小于 200m 的平直路段,每个路段具有不同的路面车辙深度并且车辙深度分布均匀,最大路面车辙深度不小于 25mm。

(2)按 1m 横断面间距标注验证路段,用 3m 直尺分别测量标记的横断面左右轮迹处路面车辙深度;以 10m 为单元分别计算所有横断面的左车辙和右车辙平均值,路面左车辙均值和右车辙均值为该 10m 检测单元的两个路面车辙基准值。

(3)按 50km/h 速度匀速检测每个试验路段,重复 3 次,计算各路段各 10m 检测单元的 3 次检测均值。

(4)根据 10m 检测单元的基准值与检测均值,计算各 10m 检测单元的测量误差。

(5)要求95%的10m检测单元检测误差小于±3.0mm,65%的10m检测单元检测误差小于±1.5mm。

表4-3为路面车辙检测精度验证结果汇总(北京,顺义西环路)[44]。该验证路段为平直路段,平均路面车辙深度在20mm以内,最大路面车辙深度大于25mm。验证结果显示,误差在±1.5mm以内的10m检测单元比例为80%～100%,误差在±3.0mm以内的10m检测单元比例为100%。

车辙检测精度验证　　表4-3

误差及比例	左车辙			右车辙		
	1	2	3	1	2	3
±3.0mm,≥95%	100	100	100	100	100	100
±1.5mm,≥65%	80.0	90.0	90.0	100	100	100

二、重复性

1.等速重复性

JTG/T E61标准采用如下方法验证路面车辙检测的等速重复性:

(1)选择路面车辙分布均匀的200m以上平直验证路段。

(2)用50km/h速度匀速检测验证路段,重复10次取各次10m检测单元的车辙均值为验证路段检测结果。

(3)计算10次重复检测结果的变异系数C_V。

图4-12为路面车辙检测重复性验证实例[44](北京顺义西环路,C_V = 2.35%)。

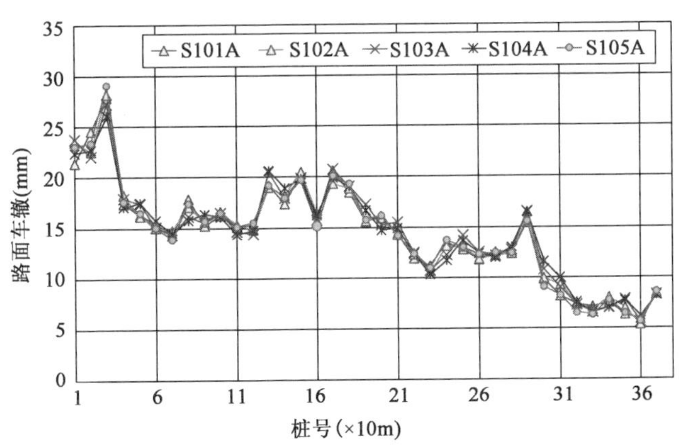

图4-12　路面车辙检测重复性验证

2. 不同速度重复性

除了等速重复性外,GB/T 26764 标准还要求验证不同速度的重复性,方法如下:

(1)选择路面车辙分布均匀的 200m 以上平直路段。

(2)分别以 30km/h、50km/h、80km/h、100km/h 的速度,匀速检测验证路段,重复 3 次。

(3)计算验证路段 10m 检测单元路面车辙深度和所有检测单元的路面车辙深度均值。

(4)计算不同速度路面车辙重复检测的变异系数 C_V。

表 4-4 为不同路段不同速度的路面车辙准确性验证实例(南京汇通路)[43],包括 7 个验证路段,测试速度为 40km/h 和 60km/h,分别重复 2 次和 3 次,最大变异系数 C_V 为 2.38%,最小变异系数 C_V 为 0.20%,平均变异系数 C_V 为 0.75%。

不同路段不同速度的路面车辙准确性验证　　表 4-4

起点桩号	车辙(mm)(40km/h)		车辙(mm)(60km/h)			C_V (%)
	1	2	1	2	3	
201 +900	11.0	13.2	11.4	10.9	11.2	2.38
202 +000	10.1	10.2	11.5	12.0	11.7	
202 +100	14.1	11.1	12.8	13.5	11.5	
203 +900	29.7	29.3	29.3	29.4	29.5	0.50
204 +000	29.3	29.2	28.9	29.2	29.3	
204 +100	28.8	28.8	28.5	28.9	28.9	
206 +000	29.0	28.9	27.8	28.4	27.8	1.01
206 +100	29.3	28.9	28.2	29.0	29.0	
206 +200	28.6	28.8	28.7	29.0	29.0	
208 +000	38.9	38.8	38.3	38.5	38.3	0.40
208 +100	39.3	39.2	39.0	38.8	38.9	
208 +200	39.0	38.9	39.0	38.9	39.0	
210 +000	37.9	37.9	38.0	37.0	37.8	0.53
210 +100	38.2	38.0	38.2	38.2	38.5	
210 +200	37.7	38.6	38.3	38.0	38.3	
212 +000	49.7	49.7	49.3	49.5	49.3	0.24
212 +100	49.4	49.7	49.7	49.7	49.4	
212 +200	49.4	49.6	49.3	49.7	49.5	

续上表

起点桩号	车辙(mm)(40km/h)		车辙(mm)(60km/h)			C_V (%)
	1	2	1	2	3	
214+000	57.2	56.2	56.8	56.1	56.3	0.20
214+100	57.6	57.1	57.1	56.9	57.2	
214+200	56.3	57.3	57.3	57.4	57.4	

三、相关性

GB/T 26764 标准要求验证路面车辙检测的相关性，相关性验证方法如下：

(1)选择4～5个路面车辙深度不同的平直路段，路段长度不小于200m。

(2)路面车辙深度分布在0～30mm之间。

(3)以50km/h速度匀速检测验证路段，重复3次。

(4)计算10m检测单元的平均路面车辙深度，取所有10m检测单元平均路面车辙深度均值为验证路段的路面车辙检测结果。

(5)在各验证路段上以1m间距标记横断面位置，用3m直尺测量各横断面的路面车辙深度，计算10m检测单元的平均车辙深度，取各10m检测单元平均车辙深度均值为验证路段的路面车辙基准值。

(6)将路面车辙检测结果与路面车辙基准值线性相关，或将验证路段各10m检测单元的检测结果与3m直尺测量结果直接关联，计算相关系数 R，R 应满足标准要求($R \geqslant 0.95$)。

图4-13为路面车辙10m检测单元检测结果和3m直尺10m检测单元测量基准的相关性散点图($R^2=0.97$)。

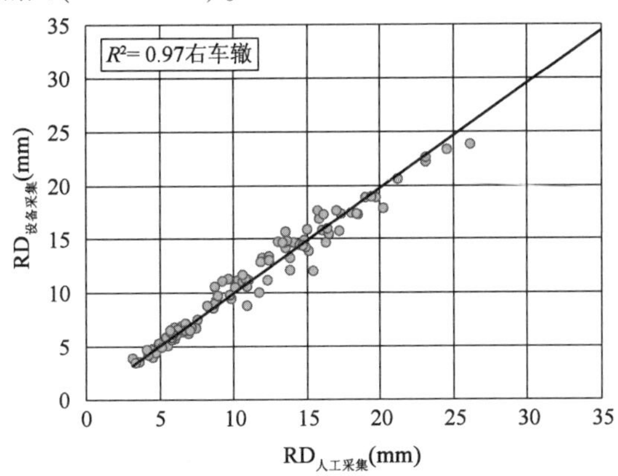

图4-13　路面车辙相关性验证

第六节　本 章 小 结

路面横断面测量、动态基准断面、连续基准断面和路面横断面修正，为路面横断面自动化检测的主要组成技术。本章结合梁式点激光和点式线激光两种不同的路面横断面检测方法，阐述了路面横断面自动检测的基本原理和横断面类路况指标的计算方法，主要指标包括路面车辙深度、横断面平整度、横断面绝对误差和路面车辙影响面积。

第五章　路面表面损坏状况检测

20世纪70年代，在初步完成干线公路建设任务之后，西方公路网发达国家根据公路养护管理工作需要，组织实施了长期的路面表面损坏状况（简称，路面损坏状况）自动化检测技术研究和工程化应用。在近半个世纪里，科学家和工程技术人员研究、设计、开发了多种路面损坏状况自动化检测方法，包括早期的摄像检测、当前广泛应用的图像检测和快速成熟的3D激光检测。

长期以来，路面损坏状况自动化检测技术一直是公路养护行业关注的重要方向，自动化检测效率、检测数据的准确性和路面损坏的自动处理能力是影响路面损坏状况自动化快速检测的三大关键因素。围绕上述主要技术环节，本章在路面损坏自动检测方法回顾基础上，研究分析了两类路面损坏自动化检测技术、两类路面损坏自动识别技术和两类路面损坏自动识别系统。主要内容包括：

(1)路面损坏分类；

(2)路面损坏状况自动检测方法；

(3)2D路面图像检测；

(4)3D路面激光检测；

(5)路面损坏自动识别技术；

(6)路面损坏自动识别系统；

(7)准确性验证。

第一节　路面损坏分类

《公路技术状况评定标准》(JTG 5210)定义了沥青路面和水泥混凝土路面两类路面损坏。两类路面损坏均采用式(5-1)和式(5-2)所示的路面破损率计算方法。

$$\mathrm{DR} = 100 \times \frac{\sum_{i=1}^{i_0} w_i A_i}{A} \tag{5-1}$$

$$A_i = 0.01 \times \mathrm{GN}_i \tag{5-2}$$

式中：DR——路面破损率（%）；

A_i——第 i 类路面损坏的累计面积（m^2）；

A——检测面积（m^2）；

w_i——第 i 类路面损坏换算系数（表 5-1 和表 5-2）；

i——路面损坏类型；

i_0——路面损坏类型总数，沥青路面为 10，水泥混凝土路面为 11；

GN_i——第 i 类路面损坏的网格数；

0.01——换算系数（一个网格的标准尺寸为 0.1m×0.1m）。

一、沥青路面损坏

适用于自动化检测的沥青路面损坏共有 10 类，如表 5-1 所示，主要损坏类型包括龟裂、块状裂缝、纵向裂缝、横向裂缝、沉陷、波浪拥包、坑槽、松散、泛油和修补，其中路面修补包括块状修补和条状修补。

沥青路面损坏类型　　表 5-1

类型(i)	损 坏 名 称	单位(m^2)	换算系数(w_i)
1	龟裂	面积	1.0
2	块状裂缝	面积	1.0
3	纵向裂缝	长度×0.2m	2.0
4	横向裂缝	长度×0.2m	2.0
5	沉陷	面积	1.0
6	波浪拥包	面积	1.0
7	坑槽	面积	1.0
8	松散	面积	1.0
9	泛油	面积	0.2
10	修补	面积或长度×0.2m	0.1(0.2)

二、水泥混凝土路面损坏

适用于自动化检测的水泥混凝土路面损坏共有 11 类（表 5-2），主要损坏类型包括破碎板、裂缝、板角断裂、错台、拱起、边角剥落、接缝料损坏、坑洞、唧泥、露骨和修补。根据 JTG 5210 标准规定，表 5-1 和表 5-2 中用于自动化检测的路面损坏换算系数（w_i）及数值均不同于人工调查的路面损坏权重（w_i）。

水泥混凝土路面损坏类型　　表 5-2

类型(i)	损坏名称	单位(m^2)	换算系数(w_i)
1	破碎板	面积	1.0
2	裂缝	长度×1.0m	10.0
3	板角断裂	面积	1.0
4	错台	长度×1.0m	10.0
5	拱起	面积	1.0
6	边角剥落	长度×1.0m	10.0
7	接缝料损坏	长度×1.0m	6
8	坑洞	面积	1.0
9	唧泥	长度×1.0m	10.0
10	露骨	面积	0.3
11	修补	面积或长度×0.2m	0.1(0.2)

三、路面损坏类型分布

表 5-3 为我国干线公路沥青路面损坏类型抽样调查汇总[48]，图 5-1 为根据调查结果统计的路面损坏类型分布。图中柱状图分布显示，裂缝类路面损坏占比为 74% ~94%，相比之下坑槽、松散、沉陷、拥抱和修补等损坏的单项占比均不足 7%；表中数据说明，裂缝类损坏是沥青路面损坏的主要形式，也是国内外路面损坏自动化检测关注的重点损坏类型。

路面损坏类型分布(%)　　表 5-3

损坏类型		河北	宁夏	四川	吉林
裂缝类(%)	龟裂	53.7	54.9	57.5	25.2
	块裂	39.4	20.8	14.0	6.3
	纵裂	0.2	1.7	1.3	14.4
	横裂	0.8	1.9	1.1	36.4
变形类(%)	坑槽	1.4	5.0	7.0	5.3
	松散	1.0	5.8	5.8	6.2
	沉陷	1.3	4.9	5.1	0.1
	拥包	2.3	3.9	2.9	0.1
修补(%)		0.1	1.2	5.2	6.2

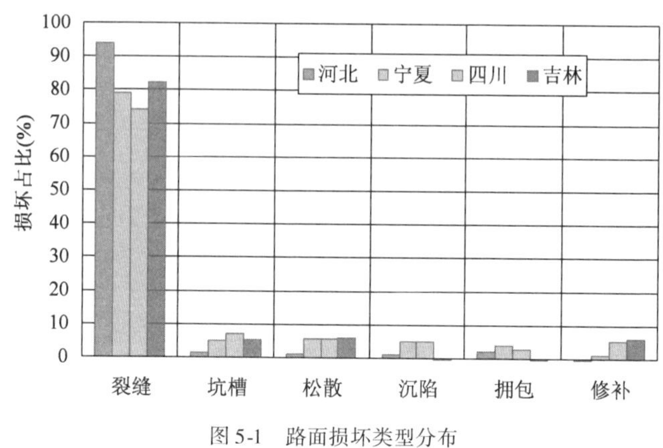

图 5-1　路面损坏类型分布

第二节　路面损坏状况自动检测方法

路面损坏自动化检测方法,主要有基于图像技术的路面损坏检测方法和基于激光技术的路面损坏检测方法。

一、基于图像技术的路面损坏检测方法

基于图像技术的路面损坏自动检测方法,从第一代的摄影技术、第二代的模拟摄像技术、第三代的数字图像技术,到第四代的线扫成像技术,经历 40 多年的发展,技术已经十分成熟。

20 世纪 70 年代,美国、法国等国家的研究机构提出了基于摄影技术的路面损坏检测方法,检测原理是利用固定在移动载体上的高速摄影机和电影胶片,依据行驶距离定位装置提供的距离信息,连续采集一定宽度的路面图像。利用冲洗后的路面影像,通过实验室人工识别处理,找出路面图片上的各类损坏信息,包括损坏位置、类型、程度和数量。

20 世纪 90 年代,TRL 开发了 HARRIS 路况自动化检测系统,HARRIS 采用 3 个安装于载体底部的高性能模拟相机和配套的区域照明技术。瑞典同期开发的路况自动化检测系统,采用了 4 个安装于载体顶部的面阵相机和一套挂载于载体底部的区域照明装置,工作原理是利用 3 ~4 个并排的高性能面阵相机,借助于光源照明连续采集清晰的路面图像,路面图像用磁带存储,检测结果由计算机通过图像筛选和灰度处理,自动提取路面裂缝的类型、长度、宽度等损坏信息。

21 世纪初,线扫相机图像采集技术的应用[49],提升了路面裂缝的检测精度和路面损坏自动识别的准确性。基于线扫成像技术的路面损坏自动检测方法,与摄影检测方法和摄像检测方法具有相同的工作原理,不同的是高频率的线扫

CCD 相机替代了高速摄影机和面阵相机,带状照明技术取代了区域照明技术。

线扫成像路面损坏自动检测技术的特点是,单体相机的路面横向检测宽度能达到 4096mm(分辨率 1mm),纵向可实现 1mm 间距检测。4096mm 的横向检测宽度能够覆盖大多数的正常车道;1mm 的纵向检测间距为带状路面照明技术设计提供了便利条件,高亮度的带状照明技术能够更高效地消除路面上的各种阴影,提升路面图像的清晰程度,也有利于各类路面损坏的机器自动识别。

二、基于激光技术的路面损坏检测方法

可用于路面损坏自动检测的激光技术主要是线结构光或线激光。基于线激光测量技术的路面损坏自动检测原理是,利用安装在载体顶部的线激光测量装置(包括线激光发射和 CCD 激光接收),通过高精度距离定位,辅助以载体惯性位移补偿和姿态矫正,测量三维(Three Dimensional,3D)路面表面状况、计算路面裂缝、沉陷、波浪拥包、坑槽、修补等损坏的长度、宽度和深度信息。线激光的横向测点分辨率约为 1mm、纵向分辨率为 1 ~ 5mm、路面高程分辨率约为 0.5mm,最高检测速度可达到 100km/h[50]。

基于图像技术的路面损坏检测结果是二维(Two Dimensional,2D)路面图像,提供的信息有路面裂缝等损坏的长度和宽度两个参数;路面损坏激光检测结果是 3D 路面数据或 3D 路面图像,除了长度和宽度两个信息外,还包含了一个路面深度数据[51]。

3D 路面图像能够区分 2D 路面图像中容易被误识别的阴影和水渍,有效提高路面损坏的自动识别准确率,同时也能获得路面沉陷、坑槽和波浪拥包等的深度数据。

3D 路面激光检测的主要缺点是,数据量大(800MB/km)、后处理速度慢(5km/h)、时间长[50],无论是实时还是后期数据处理都要求较高的软硬件条件。

三、路面损坏自动化检测技术要求

《多功能路况自动化检测设备》(GB/T 26764)规定,路面损坏自动化检测需要满足如下技术要求:

(1)能检测沥青路面和水泥混凝土路面等不同类型的路面损坏;

(2)路面图像采用纵向连续的检测方式,横向检测宽度不低于车道宽度的 70%;

(3)路面图像为正视图像,能分辨 1.0mm 及以上宽度的路面裂缝,路面图像具有准确的位置信息,检测图像纹理清晰、亮度均匀,可用于路面损坏的机器自动识别;

(4)路面原始图像能够长期保存。

满足上述标准要求,无论是2D路面图像检测,还是3D路面激光检测,都需要一系列的关键技术支持,包括线扫相机成像照明技术和3D路面激光检测数据处理技术等。

第三节　2D路面图像检测

线扫相机的路面扫描宽度为3.75m以上,扫描频率超过36kHz/s,按一次纵向扫描1mm计算,线扫相机每小时能检测100km以上的路面图像,形成一个宽3.75m、长100km以上的连续路面图像带。线扫相机能够实现高速连续检测,但是要获得纹理清晰、亮度均匀并且可用于路面损坏机器自动识别的路面图像,则需要高效的路面检测照明技术。

根据国内外文献分析,多种路面照明技术可用于支撑线扫相机路面损坏状况自动化检测,包括日光光源、LED光源和激光光源等。

一、日光光源照明技术

英国SCANNER国家公路网路况评定标准要求路面自动化检测宽度为2.9m以上,《多功能路况自动化检测设备》(GB/T 26764)规定路面检测宽度不小于标准车道宽度的70%,《公路路面技术状况自动化检测规程》(JTG/T E61)规定路面检测宽度不小于2.6m。2.6~2.9m检测宽度的相关规定,意味着路面检测时需要产生一个长2.6~2.9m、宽度覆盖1mm以上的高亮度照明区域,这种特殊的照明技术需求,结构上应是一个如图5-2所示的车载带状路面照明装置[39],其主要技术特征包括:

(1)包含主、副两种光源,主光源用于确定照明光带的长度和宽度,副光源用于补偿光带强度,二者合一使整个照明区域亮度均匀便于获得高质量的路面图像;

(2)能够产生倾斜光线,避免路面反光;

(3)光带亮度能够补偿高速检测时的亮度减值;

(4)能够挂载于高速移动的载体底部。

高亮度带状照明,通常采用色温6000K左右与相机匹配的日光光源,挂载于线扫相机的下方,最大限度地接近路面表面,以便于高速检测时获得足够的亮度(图5-3),同时形成大倾角的照明光线。

高亮度带状照明技术的特点是,照明装置紧贴路面,倾斜的光线(图5-4)不会对线扫相机产生路面反光。其主要缺点是,日光光源与阳光色谱范围相同,无法彻底消除强阳光下树枝等的路面投影,一定程度上影响路面损坏的自动识别效果;需要多个光源组合,结构复杂,制造难度较大。

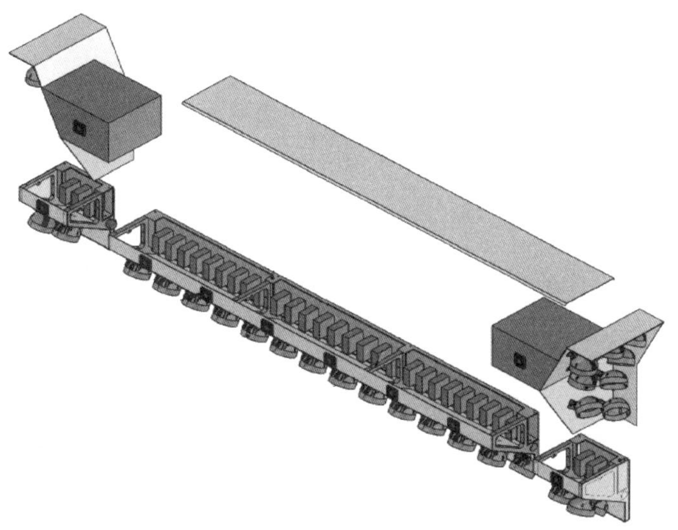

图 5-2　主副光源光线互补的带状照明技术

图 5-3　日光光源带状照明

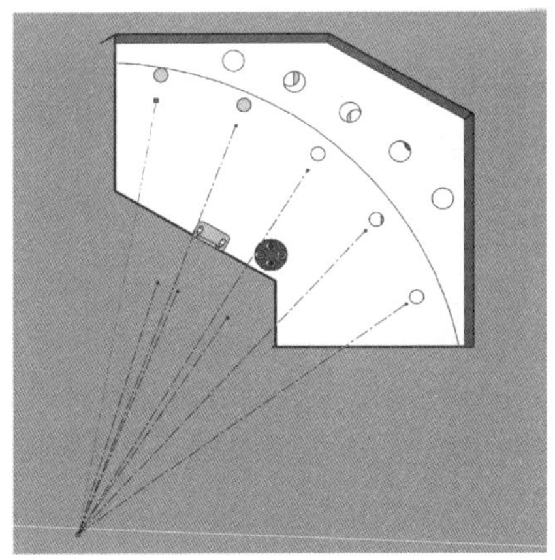

图 5-4　倾斜光线照明方法

二、LED 光源照明技术

LED 是利用发光二级管照明的光源,LED 技术在汽车照明、机器视觉等领域已经广泛应用。LED 照明技术有以下三个显著的特点:

(1)能够基于红绿蓝三基色设计不同颜色的光色组合;

(2)通过不同的造型设计,可满足点、线、面或其他不同形状的均匀照明需求;

(3)通过电流控制,可以获得需要的照明亮度。

LED 的上述特点,也符合基于线扫成像技术的路面损坏自动检测的照明需求。图 5-5 为基于 LED 技术开发的用于路面损坏自动检测的高亮度 LED 带状照明技术,安装高度可调至车辆载体顶端与线扫相机高度持平,或类似普通日光光源带状照明,挂载于载体底部以便获得倾斜光线、提高路面图像对比度、避免路面反光。

图 5-5 高亮度 LED 带状照明

LED 本质上也是复色光,为降低强阳光影响,需要采用高亮度的 LED 照明技术、大功率的电源系统及复杂的冷却系统。

三、激光光源照明技术

20 世纪初,加拿大 Pave Metrics System 公司依托加拿大光电研究中心 INO,研究开发了用于线扫相机路面图像自动检测的激光照明方法。该方法采用两个大功率线激光发射单元和两个线扫相机。采用双激光发射单元和双相机布局,可获得较好的路面图像对比度,缺点是不同相机的检测图像需要后期拼接,拼接的图像容易产生图像错位。

图 5-6 为两个激光照明单元、一个线扫相机的布局设计[52]。

图 5-7 为据此开发的线激光照明与线扫相机一体化装置,其主要结构为轻

质高强结构的横梁，用于固定线扫相机和线激光照明单元，使相机与两个线激光照明单元始终保持在同一照射平面，横梁两侧的连接件采用弧形设计，用于调节线激光照明单元的安装角度，主要技术数据为：

（1）安装高度为 200cm 时，对应的路面照明宽度为 360cm；

（2）在 360cm 路面照明区域内，线激光照射强度均匀，中间与两端的亮度差异小于 5%；

（3）激光波长为 635～700μm，照射强度为 10～40kLux。

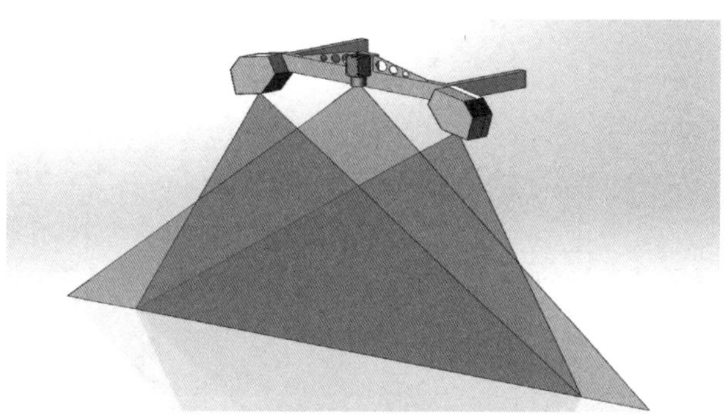

图 5-6　线激光照明技术

图 5-7　线激光照明与线扫相机一体化结构

为获得满意的照明效果（长度、宽度、亮度），大功率线激光照明单元采用了国内设计、国外加工的模式，每个线激光照明单元均设计了 3 个大功率激光发射器，激光中心波长为 661nm，激光发射器功率可调，每个线激光照明单元内均设计有 20℃热电冷却装置。图 5-8 为大功率线激光照明效果。

图 5-9 为利用线激光照明的路面图像。由于激光具有很好的单色性，因此可通过相机参数及激光波长的匹配剔除环境光影响，消除路面上的各类阴影。

图 5-8　线激光照明效果

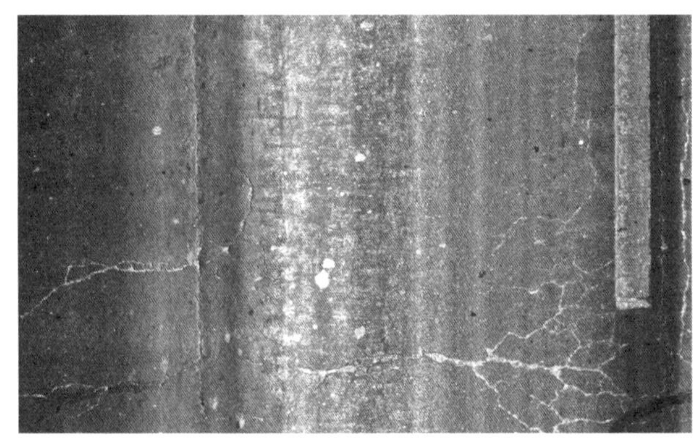

图 5-9　采用激光照明的路面图像

激光具有极强的方向性，当激光照明单元与线扫相机安装位置过于接近时，路面表面的光滑部位（修补、泛油、轮迹、浅裂缝、标线和车辙等）容易产生激光镜面反射，在路面图像上呈现出白色的高亮区域（图 5-9）。要消除镜面反射影响、获得满意质量的路面图像，需要在相机镜头上增加偏振片等反光抑制装置或调整线激光的颜色或波长（图 5-10）。

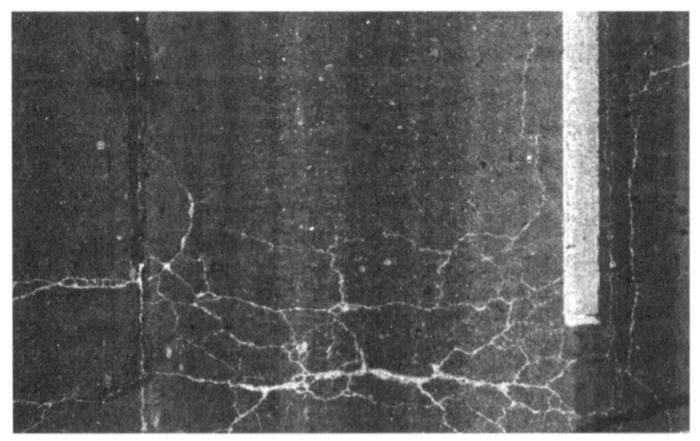

图 5-10　激光照明路面图像反光处理

线激光照明与线扫相机一体化技术具有如下特点：

(1)能耗降低至普通光源的10%以下；

(2)体积小、重量轻，能安装在用于农村公路路况自动化检测的小型载体上；

(3)单色线激光照明能有效消除环境光影响，解决普通光源照明的路面图像阴影问题。

图5-11和图5-12分别是采用普通日光光源和激光光源采集的路面图像。其中，普通光源照明的路面图像，灰度分布基本均匀，图像效果与视觉感觉接近；激光光源照明的路面图像，在修补和轮迹带处容易产生不可避免的路面反光现象。

图5-11　日光光源照明效果

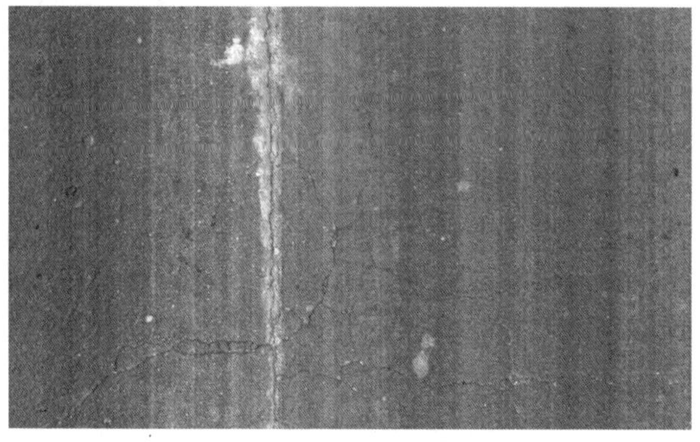

图5-12　激光光源照明效果

2D路面图像检测的主要问题是现有的线扫相机技术严重依赖复杂的照明系统。未来，高灵敏的智能线扫传感技术将不再依赖独立的照明技术，路面图像的自动化采集将很大程度上实现小型化和低成本，检测效率也将获得明显提升。

从检测的路面图像上可以看出，光源类型是影响路面图像清晰度、对比度和表面特征真实性的最重要因素。倾斜的光源,除了能避免路面反光,还能有效提高路面图像中裂缝类损坏的对比度,一定范围内光线倾斜角度越大,裂缝的对比度越明显,明显的对比度有利于裂缝类损坏的机器自动识别。

第四节　3D 路面激光检测

激光测距技术和高速智能相机或 CCD 传感技术的发展,为路面损坏自动化检测技术研究提供了良好的开发环境。利用 3D 路面激光检测技术,能够自动测量路面表面特征,形成路面的 3D 点云数据;基于 3D 路面数据模型,可根据需要提取路面裂缝、坑槽、拥包等各类路面损坏信息。

与 2D 路面图像检测相比,3D 路面激光检测具有如下特点:

(1)不受环境光的影响,任何光照条件下都可以获得质量相对一致的路面数据;

(2)路面表面上的污染、水渍、标线等,不再是影响路面损坏自动识别效果的主要因素;

(3)能够获得路面损坏的深度信息,路面坑槽、拥包、松散等变形类损坏特征更明显;

(4)能够提取一定精度路面纵断面、路面横断面和路面表面构造信息。

一、3D 路面激光检测

3D 路面激光检测,需要集成智能相机、线激光发射器、加速度计、陀螺仪或惯性测量单元 IMU(Inertial Measurement Unit)等多方面的传感测量技术。3D 路面激光检测是路面自动化检测技术的发展方向之一,在数据完整性、设备集成度、抗环境干扰等方面具有明显优势,但是要获得高质量的路面 3D 点云数据,还需要掌握 3D 路面激光检测的主要影响因素及特性。3D 路面激光检测效果,受多方面因素影响,包括滤光片带宽、路面材料特性、曝光时间和采样间距等。

1. 滤光片带宽

滤光片的作用是屏蔽环境光对激光光线的影响。滤光片带宽越小,光线越弱,在减少环境光干扰的同时,路面灰度图(亮度图)的亮度也明显降低,路面较暗,纹理不清;滤光片带宽增大,环境光屏蔽效果降低,在 3D 路面的灰度图上将产生明暗不同区域(图 5-13),在 3D 路面深度图上会产生噪声异常区域[51]。

2. 路面材料特性

沥青路面和水泥混凝土路面等不同路面材料的 3D 路面激光检测实验研究发现,路面材质对 3D 路面激光检测数据产生不同影响,不同材料有不同的噪声水平,其中刚性路面存在镜面反射,噪声水平最高,水泥混凝土路面噪声最低。路面材料的漫反射特性越好,整体噪声水平越低,不同路面材料存在一定的噪声水平差异,但主要是高斯分布的高频噪声,通过步长大于10m的移动平均就能消除相关的噪声影响。

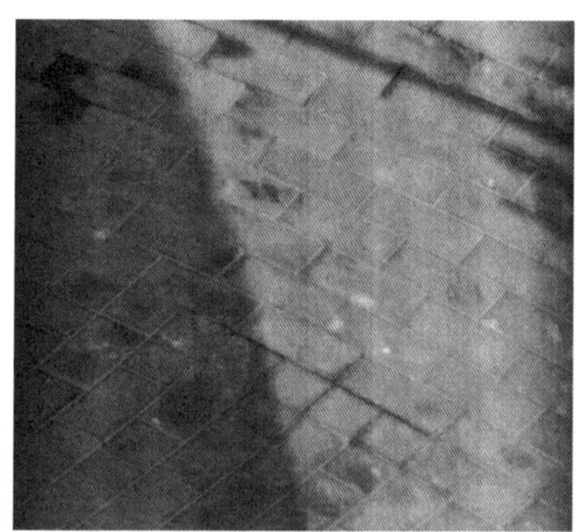

a)灰度图

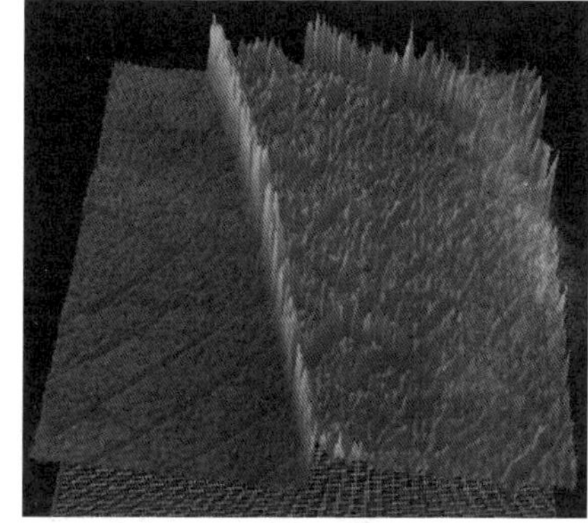

b)深度图

图5-13　滤光片带宽影响效果

3.曝光时间

试验研究发现[51],曝光时间对3D路面激光测量效果有明显的影响,不同曝光时间(10~70μs)的检测数据存在显著差异,曝光时间短时,高频噪声小、低频噪声大,而曝光时间延长,会产生大的高频噪声。曝光时间影响检测数据的噪声,3D路面激光测量需要通过试验确定合理的曝光时间,并通过智能软件根据路况条件的变化自动调整相关参数。

4.采样间隔

为了研究纵向采样间隔对3D路面激光检测裂缝分辨率的影响,国家工程中心研发团队基于实验室和公路试验[51],以采样间隔作为变量,测试了1~5mm不同采样间距的影响效果。根据试验数据分析,在横向采样间距不变的情况下,纵向采样间距越小,可识别的裂缝宽度越细,纵向采样间距小于5mm时,可清晰识别宽度2mm以上的路面裂缝,而识别1mm的路面裂缝则通常需要采用1mm的纵向采样间隔。

二、3D路面图像

1.3D路面数据

光线遮挡和量程超限等因素,将导致一部分3D路面激光检测数据异常,如黑点数据和无效数据等。在路面深度图像中,所有灰度值为0的数据均为黑点数据(图5-14)。

3D路面表面向上或向下突出的尖角,通常可看作为异常数据,图5-15的异常数据为向上凸出的尖角。在3D路面数据中,向下突出的尖角与路面裂缝有相似的特征,是否为异常数据,需要通过路面纵断面高程与路面横断面高程两组数据组合判断。异常数据,可采用坐标数据双向插值的方法处理[51]。

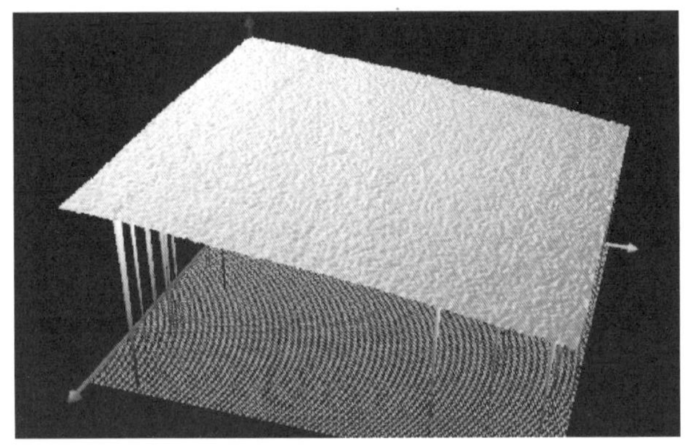

图5-14 3D路面中的黑点数据

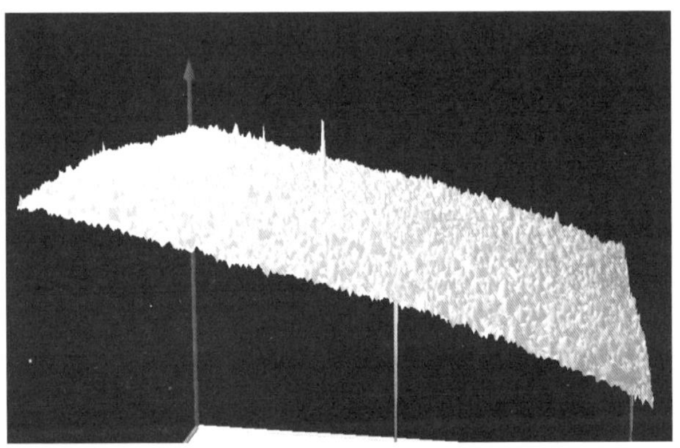

图5-15 3D路面中的异常数据

2.3D路面图像

在3D路面激光检测过程中,弯道行驶、车速变化和路面颠簸等因素会使载体产生纵向位移和横向角位移。为了消除纵向位移和横向角位移对3D路面激光检测数据的影响,可采用纵向加速度计测量载体的纵向位移,用横向陀螺仪、惯性测量单元IMU或通过横断面线性回归计算横向角位移,通过纵向位移和角位移矫正,获得图5-16所示可用于路面损坏机器自动识别分析的3D路面图像。

利用3D路面数据,通过3D路面数据处理(图5-17)可得到不含色彩信息的2D路面灰度图像(图5-18),通过3D路面图像高程(深度)数据灰度转换可得到用灰度值(0～255)表示的路面深度图像(图5-19)。图5-20为路面灰度图像与路面深度图像合成的2D路面图像[51],合成后的路面图像在路面纹理和路面裂缝特征上更加清晰和明显,也更方便路面损坏的机器自动识别。

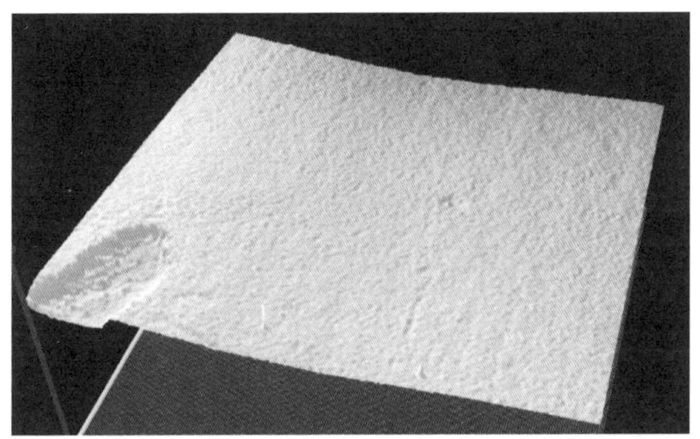

图5-16　3D路面图像(坑槽)

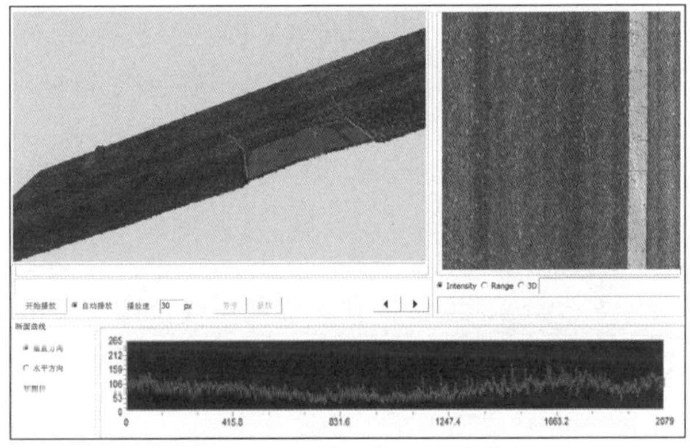

图5-17　3D路面数据处理软件

图5-18　2D路面灰度图像

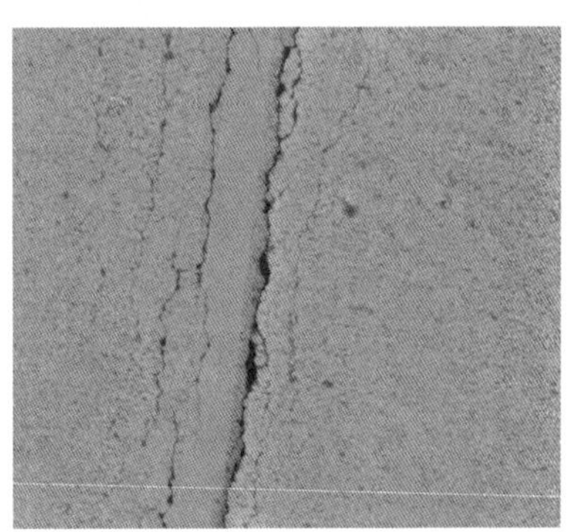

图5-19　路面深度图像

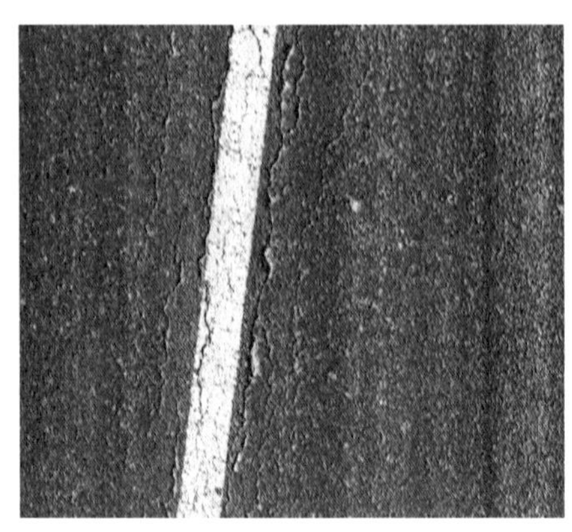

图 5-20　路面灰度图像与路面深度图像合成的 2D 路面图像

在路面深度图像上,灰度颜色越深表示 3D 路面表面向下突出的程度越大,如裂缝或坑槽;同样,灰度颜色越浅表示 3D 路面表面向上突出的程度越大,如拥包和波浪。路面深度图像可用于识别路面沉陷、拥包、坑槽、松散等各类损坏的位置、长度、宽度、深度或高度信息。路面深度图像与路面灰度图像的结合,有助于提高路面裂缝等各类损坏的自动识别准确率。

路面裂缝经常为尘土填塞或处于非垂直的弯曲状态,3D 路面激光检测的路面裂缝深度,一般情况下只是整个裂缝深度的一小部分,完整的路面裂缝深度检测更依赖于其他技术,如路面探地雷达等。

从 3D 路面提取的 2D 路面灰度图像或与路面深度图合成的 2D 路面图像,也适用于基于灰度分析的路面损坏自动识别或基于人工智能深度学习的路面损坏自动识别。

目前,3D 路面激光检测的主要问题是,单体线激光发射器的照射宽度达不到标准要求的路面检测宽度,采用双激光发射器又会带来拼接工艺、后期数据处理、检测精度等诸多问题。大规模的工程化应用期待更简单、成熟和智能的 3D 路面激光检测技术。

第五节　路面损坏自动识别技术

按照有关标准规定,我国国省干线公路,每年至少需要实施一次全面的路面损坏状况自动化检测工作。全面检测 74 万公里[53]国省干线公路的路面损坏状况,将产生 3.7 亿幅高清路面图像,从上述路面图像中找出各类损坏的位置、长度、宽度和深度或高度信息,依靠人工识别方法将难以满足公路养护管理的时效性和准确性要求,大规模的路面图像损坏识别,需要采用智能、高效和准确的机器自动识别技术。

一、技术要求

研究路面损坏自动化识别技术，是为了让机器能准确剔除路面图像中的标线、划痕、树叶、树枝、油渍、水渍等各种非损坏因素，自动识别路面上各类损坏的类型、位置和数量。多种方法可用于解决上述技术问题，包括路面图像灰度分析、人工智能深度学习和3D路面深度图像处理等。

世界银行Bennett等的研究[15]认为，路面损坏自动识别过程的每一个环节都相当复杂，路面损坏自动识别有极高的技术要求。从20世纪90年代开始，英国、美国和世界银行等国家或机构，相继开展了路面损坏自动识别技术的研究工作。2004年，TRB对各类主要路面图像检测和损坏自动识别技术进行了调查分析，根据统计当时约有50%的州采用了路况自动化检测系统，其中3mm以上路面裂缝自动识别准确率约为85%。

2009年，技术的进步，使除了含有污渍、白裂缝、模糊裂缝、划痕等非正常路面图像外，正常路面图像的自动识别能力显著提升，1mm以上路面裂缝识别准确率达到90%以上[39]。人工智能在深度学习领域的技术突破，提升了非正常路面图像路面损坏的自动识别准确率。根据我国自动识别的技术水平和技术能力，《公路技术状况评定标准》(JTG 5210)规定，普通公路路面损坏自动识别准确率要求达到90%以上，高速公路为95%以上。

二、基于灰度分析的路面损坏自动识别

路面图像灰度分析的主要技术手段是各种条件下的数学建模及数值统计，包括直方图、空间滤波、动态阈值分割和边缘检测等。其他方法，如模式识别，通常与基于灰度分析的自动识别算法结合使用。

1.基于灰度统计的路面图像区域分割

在路面损坏自动识别之前，需要对路面图像进行区域分割，把路面图像分割成若干个区域，每个区域为一个像素集合，每个像素集合代表一个特定性质的图像特征。

基于灰度统计的图像区域分割是一种常用的区域分割方法，分割的关键是确定灰度阈值。阈值确定之后，路面图像中所有灰度均可依据给定的阈值划分为路面损坏或非路面损坏两个类别。灰度阈值可设为常数，当背景灰度不均衡时，也可采用动态阈值，灰度阈值一般通过路面图像灰度直方图

确定。

假如路面损坏灰度分布均匀,路面背景灰度也分布均匀,则路面图像灰度直方图会存在明显的双峰曲线,双峰间的极值可用作路面图像区域分割的灰度阈值。一般情况下,路面损坏与路面背景的灰度分布都不均匀,为了获得有效的灰度阈值,可把路面图像分成若干个子区域,用各子区灰度直方图双峰间的极值作为各子区的灰度阈值[54]。路面图像灰度直方图为单峰曲线时,说明该区域的路面图像全部为路面损坏或非路面损坏。

最小误差分割也可以用于灰度阈值确定,该方法的前提是路面图像中路面损坏和非路面损坏的灰度分布均服从正态分布,假设存在一个阈值,按此阈值分类路面损坏和非路面损坏时产生的误差概率最小,则该阈值可认定为路面图像的最佳阈值。

2.基于区域扩张的路面图像区域分割

基于区域扩张的区域分割方法,是把路面图像分成若干个子区域,通过分析各相邻子区之间的特征关系,如直方图灰度分布,把相似特征的子区合并起来,通过子区域合并实现区域扩张,方法为:

(1)把路面图像分成 $m \times n$ 个子区;

(2)从第一个子区开始,分别计算子区及其相邻子区灰度直方图的统计参数,依据灰度分布做相似性分析,若两者灰度分布相似且满足阈值要求,则合并为一个新的区域;

(3)对新区域进行新一轮分析,使当前区域不断扩张,直到完成所有子区的合并。

基于区域扩张的路面图像区域分割方法,其优点是能够利用图像中的多种特性数据来确定路面损坏的边界位置,缺点是要求较高的计算资源。

3.路面损坏自动识别方法

在路面图像处理及路面损坏识别过程中,通常把上述方法结合起来使用,例如先用灰度直方图确定的阈值进行路面图像初步分割,在此基础上将路面图像分成多个子区,再对各子区依据灰度分布相似原则进行区域扩张,完成路面图像的区域分割,据此确定路面损坏的类型和位置,计算路面损坏数量和程度。

除此之外,为了剔除路面图像中可能存在的各种噪声,还需要采用一些其他的路面图像处理技术,如模式识别。模式识别技术主要用于路面上有明显规则特征的非路面损坏,如井盖(图 5-21)、标线、减速带、交通线圈等的自动识别[47]。

图 5-21 路面井盖的模式识别

三、基于人工智能的路面损坏自动识别

根据大量路面图像损坏类型的统计分析[55]，没有损坏的路面图像和有损坏的路面图像比例分别为 88.5% 和 11.5%，在有损坏的路面图像中，非正常路面图像（污渍、浅色裂缝、模糊裂缝、划痕等）占比约为 15%。基于灰度分析的路面损坏自动识别方法，能够有效地识别出正常路面图像上的各类损坏，但是由于灰度的相似或相近性，用灰度分析的方法很难全部准确地区分非正常路面图像中的划痕、不清晰的水泥刻槽、浅色路面裂缝或浅色条状修补（图 5-22）等路面损坏。

图 5-22 路面浅色裂缝识别

人工智能深度学习技术，为非正常路面图像中的各类难以区分的路面损坏（污渍、浅色裂缝、模糊裂缝、划痕、浅色条状修补等）的准确识别，提供了一种智能的解决方案。

1. 深度学习

深度学习是机器学习方法之一，属于人工智能领域。基于深度学习的路面损坏智能识别，首先需要严格标注路面图像中的各类损坏，形成训练样本，路面图像样本规模需要达到数千万幅以上，覆盖不同损坏类型、不同区域和不同时间采集的路面图像，然后利用卷积神经网络 CNN(Convolutional Neural Networks)路面损坏智能识别算法和叠加算法，通过多层次的深度训练和学习效果评价，建立满足 90%(普通公路)和 95%(高速公路)识别准确率要求的路面损坏智能识别模型。

卷积神经网络的主要结构为卷积层和池化层的多层叠加，叠加方法多为顺序连接，每一层卷积层和池化层在上一层的输出结果基础上进行新一轮计算。通过多层卷积和池化，逐渐抽象出高层次的图像特征。

卷积神经网络卷积层中最主要的过程为卷积操作。卷积操作是传统图像处理领域常用的滤波方法，其主要过程为使用卷积核与输入图像的每个像素点及其相邻范围内的像素点对应位置相乘，相乘的结果求和为输出图像中该位置的像素值。池化层主要分为最大池化和平均池化两种，分别是计算局部区域像素值的最大值或平均值，其中局部区域的大小由模型搭建时外部指定参数决定。池化层的主要功能是减少参数。卷积层和池化层的主要作用为特征提取。

2. 主要算法

建立基于深度学习的路面损坏智能识别模型，需要多种算法组合，包括路面损坏识别基础算法、多模型叠加算法、对抗学习预处理算法和强化学习模型组合算法等。

(1)基于卷积神经网络 CNN 的路面损坏识别基础算法，可采用直线型“多层卷积 + 池化层”CNN 模型结构，用多层卷积层和一定数量的池化层来提取路面损坏特征，层间使用 Batch normalization 方法防止内部数据分布变化，每层卷积层后使用 ReLU 激活函数增加非线性同时缓解梯度消失。在直线 CNN 模型的基础上，使用残差网络对模型进行优化，利用残差网络中的 Identity block 结构和 U-net 的网络结构，将相邻两层的多尺度特征图结合[56]。

(2)多模型叠加算法是在识别过程中对同一张图片用 2 ~ 3 个识别效果较好的 CNN 模型分别进行识别，再将各自的识别结果相加作为最终识别结果。这种算法的作用是在不产生误识别的情况下，通过多个模型的叠加减少路面裂缝等损坏的漏识别。

(3)对抗学习预处理算法，是将浅色裂缝、模糊裂缝、噪声(阴影、光照等)的混合数据集和路面状况较好的清晰裂缝数据集进行对抗训练，训练出有效的生成模型，在用原有路面裂缝模型识别之前，用生成模型对相应的图片进行预处理，突出浅色裂缝和模糊裂缝特征，去除部分背景噪声（阴影、光照等影响），提高浅色裂缝和模糊裂缝的识别准确率[57]。

(4)强化学习模型组合算法，通常用于解决序贯决策（Sequential decision）问题，利用强化学习算法，依照路面图像及识别结果特征，从多个模型得到的不同识别结果中，选择合适的模型组合及运算，使最终识别结果为多个模型识别结果的组合运算。

3. 识别效果

如图 5-23 所示，用灰度分析方法无法有效识别的浅色路面裂缝等各类损坏，通过深度学习技术建立的人工智能模型，就能够超越灰度分析方法的技术局限，获得满意的识别效果。

图 5-23　路面损坏的智能识别（浅色裂缝）

第六节　路面损坏自动识别系统

基于灰度分析和人工智能深度学习两种技术开发的路面损坏自动识别系统，具有完全不同的技术架构。本节通过分析两种不同系统的技术和技术架构，探讨两类系统的技术特点。

一、路面损坏标注方法

无论哪种路面损坏自动识别系统，都需要定义一种有效、简洁的路面损坏标注方法。路面损坏类型繁多、形态无常、程度也各异，用常规数学方法难以建立统一的路面损坏特征模型，与国际平整度指数 IRI 不同，路面损坏描述尚不存在统一可用的国际标准。

为客观描述路面上各类损坏的物理特征，方便路面损坏的机器识别及各类路面损坏自动检测技术的准确性验证,SCANNER 采用了网格(Cell)损坏标注方法。SCANNER 采用的网格为方格,网格尺寸为 20cm × 20cm,路面损坏机器识别之前,需要在所有路面图像上铺满 20cm × 20cm 网格,规定所有含有裂缝或其他损坏的网格为损坏网格,路面损坏网格数与路面图像网格总数的百分比为路面破损率或路面裂缝率。这种简单的路面损坏标注方法,既可以用于机器自动标注,也可以用于人工标注。

我国国家及行业标准,包括《多功能路况自动化检测设备》(GB/T 26764)、《公路技术状况评定标准》(JTG 5210)和配套的《公路路面技术状况自动化检测规程》(JTG/T E61)均采用了网格标注方法。如图 5-24 所示,为了精准定位和测量路面损坏的位置(桩号)、裂缝长度(L)和裂缝方向(α),上述标准采用了 10cm × 10cm 的网格,网格面积为 SCANNER 网格的 25%。

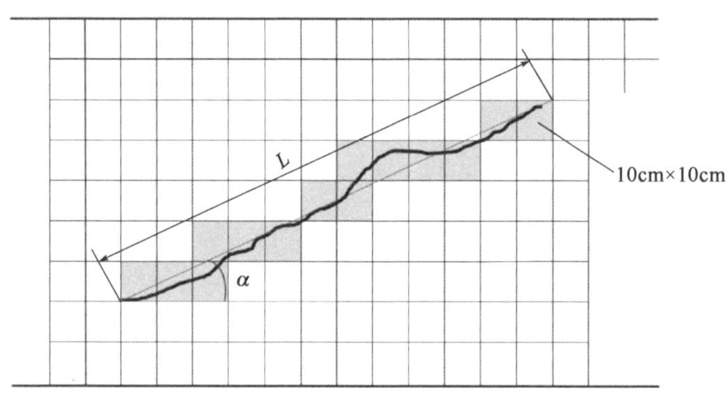

图 5-24　路面损坏网格标注方法

二、基于灰度分析的路面损坏自动识别系统

图 5-25 为基于灰度分析技术开发的路面损坏识别系统 CiAS(Cracking information Auto-recognition System)[54],是路况快速检测系统 CiCS 配套的路面损坏自动识别系统,主要功能包括:

(1)路面图像与《公路数据库》[25]中的各类属性数据,特别是地理信息及里程桩号关联;

(2)路面图像文件检索;

(3)路面图像特征参数设置;

(4)路面损坏识别方法选择、自动识别参数设置(沥青、水泥);

(5)路面损坏自动识别结果(损坏图像及损坏数据)存储目录设置;

(6)路面损坏识别路线选择(路线名称、起点桩号、路线长度);

(7)多 CPU 协同处理参数设置(图 5-26);

(8)路面损坏识别结果与《公路数据库》其他路况指标关联(导出识别结果)。

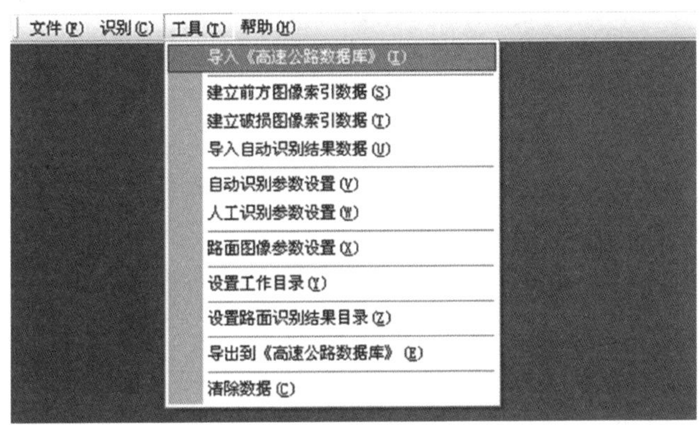

图 5-25　路面损坏识别系统 CiAS

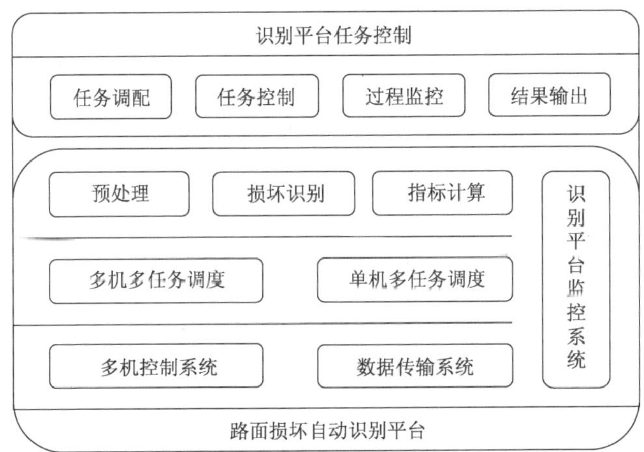

图 5-26　CiAS 多 CPU 协同处理

CiAS 多 CPU 协同处理,通过网络实现多处理器的协同,主要用于超大规模路面图像的自动识别,主要技术架构及功能为:

(1)任务控制:任务调配、任务控制、过程监控、结果输出;

(2)任务处理:预处理、损坏识别、指标计算;

(3)平台控制:多机多任务调度、单机多任务调度;

(4)平台通信:多机控制、大带宽数据传输。

路面损坏识别系统 CiAS,需要在路面二值图像上用 10cm × 10cm 网格自动标注各类路面损坏,不同颜色的网格代表不同的路面损坏类型,其中红色代表裂缝,蓝色代表修补。图 5-27 为用红色网格自动标注的路面裂缝损坏。

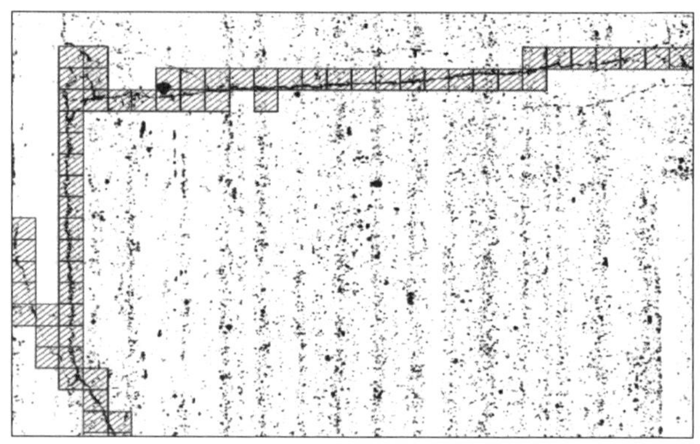

图 5-27 CiAS 路面损坏自动标注

在路面损坏识别系统 CiAS 基础上,通过路面类型、路面纹理(水泥刻槽)、裂缝特征(浅色裂缝)等各种因素的分类,利用路面损坏识别控制系统 CiC (Cracking identification Quality Control),如图 5-28 所示,实现路面损坏自动识别的质量控制。

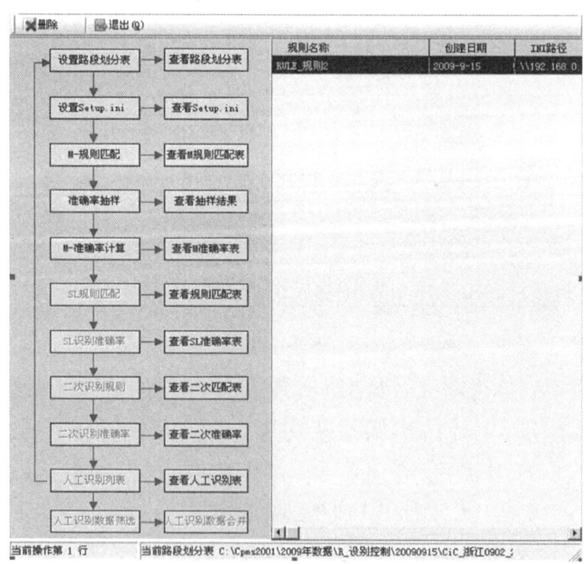

图 5-28 路面损坏识别控制系统 CiC

路面损坏识别控制系统 CiC,包括 8 个主要过程:

(1)识别规则:规则源于实验数据、统计数据和工程经验;

(2)路段划分:主要依据为路面类型、路面纹理、裂缝程度、裂缝特征等;

(3)规则匹配:按照路面损坏特征,针对每个划分的路段自动匹配一套最佳的自动识别参数;

(4)自动识别:根据匹配的识别参数,生成识别配置文件,通过 CiAS 对路面图像进行批量识别处理;

(5)抽样检验:按预设抽样规则,对路面损坏自动识别结果,按一定比例抽样(4% ~8%),用专用软件人工标注所有路面图像;

(6)质量控制:比较机器识别结果与人工标注结果,计算识别准确率,筛选识别准确率低于 90% 的不合格路段;

(7)二次识别:分析不合格路段的产生原因,调整识别规则、匹配识别参数,实施 CiAS 二次识别,直到识别结果满足标准要求;

(8)指标计算:根据路面损坏识别结果,计算路面破损率、路面裂缝率等路况指标,所有结果自动导入《公路数据库》。

图 5-29 为经过 CiC 质量控制的 CiAS 路面损坏自动识别结果实例,图中包含了路面图像原图、路面二值图和在路面二值图上自动标注的路面损坏。

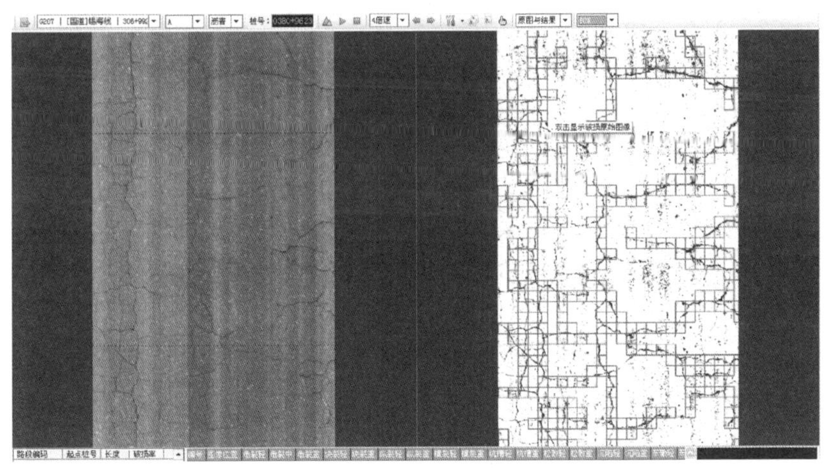

图 5-29　CiC 与 CiAS 协同识别结果

路面损坏识别控制系统 CiC,为路面损坏识别系统 CiAS 配套的质量控制软件,两者协同工作才能得到满意和符合标准要求的识别结果。通过协同处理,系统能识别 1mm 以上的路面裂缝,正常路面识别准确率达到 90% 以上。上述方法，与路面损坏人工调查相比，无论是工作效率还是路面损坏识别准确性，都有大幅度提升。

路面损坏识别控制系统 CiC 和路面损坏识别系统 CiAS 的主要缺点是，①系统复杂庞大，依赖大量计算设施，需要有经验的公路工程师操作；②含有污渍、浅色裂缝、严重阴影等的非正常路面图像，有时候难以达到期望的识别准确率；③规模4% ~8% 的质量控制样本人工标注，需要一批训练有素的工程技术人员。

三、基于人工智能的路面损坏自动识别系统

自 2006 年开始积累的包含全国主要省市各种损坏类型且经过严格损坏标注的 300 多万公里 15 亿幅高清路面图像，为人工智能深度学习和路面损坏智能识别技术研究提供了珍贵的数据资源。

基于上述统一标注的路面图像，通过路面损坏深度学习算法研究、模型构建、模型训练和效果评价，可建立适合不同路况条件、不同损坏类型的路面损坏智能模型，路面损坏深度学习模型研究的主要过程一般包括：

（1）根据路面图像的损坏标注信息，将一个或多个省级公路网，如浙江国省干线公路历年（2006—2019 年）所有路面图像，划分为有损坏和无损坏两类数据；

（2）按有损坏和无损坏两种情况，根据训练规模需要，合并 5 ~10 年的路面图像，形成可用于深度学习的两类路面图像数据库，确保有损坏的路面图像规模不少于 1000 万幅；

（3）基于两个路面图像数据库和高性能 GPU（Graphics Processing Unit）服务器系统，对不同识别算法和模型，进行多轮（≥30）的深度学习训练，根据评价结果筛选符合要求的识别算法和模型；

（4）通过模型叠加，获得包含各种路面损坏类型（有损坏和无损坏）的路面损坏识别模型。

深度学习是一个不断重复和算法不断完善的过程，一种人工智能识别算法，用规模为 1000 万幅经过损坏标注的路面图像实施 30 轮的学习训练，按当前的计算能力，100 个 GPU 至少需要 3 周的运行时间。因此，要获得满意的智能识别算法，需要大量的数据资源、计算资源和足够多的时间资源。

图 5-30 为基于深度学习算法开发的路面损坏智能识别系统 aCRACK（automated CRACK Intelligent Detection System）[57]，aCRACK 的主要作用是对指定路线的路面图像进行路面损坏智能识别，自动标注路面裂缝、路面修补、路面坑槽等各类损坏的位置、程度和数量。

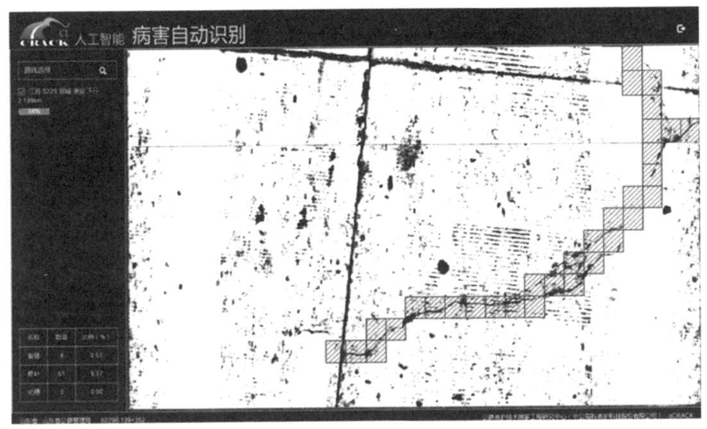

图 5-30　路面损坏智能识别系统 aCRACK

aCRACK 路面损坏自动识别结果，需要通过深度学习模型验证系统（图 5-31）的准确性验证。深度学习模型验证系统的主要作用是分析智能识别结果与人工标注结果的差异，计算路面损坏识别准确率，为完善深度学习算法提供数据依据。如图 5-31 所示，左图漏识别的小裂缝，在右图中能被准确标注出来，说明不同识别算法会产生不同的识别效果，模型验证的目的是优化选择符合要求的识别算法。表 5-4 为深度学习模型的验证评价结果，分有损坏和无损坏两种情况。

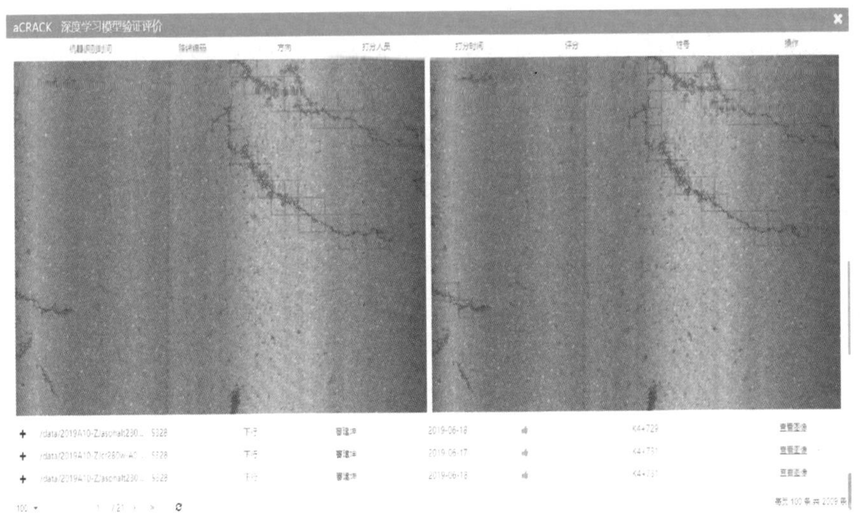

图 5-31　aCRACK 深度学习模型验证系统

深度学习模型验证实例　　表 5-4

路　线	准确率(%)(有损坏)		准确率(%)(无损坏)
	10 层 35 轮	11 层 35 轮	10 层 35 轮
G205	90.2	90.1	99.8
S102	93.3	95.8	99.9
S202	96.1	93.5	99.5
S211	85.4	91.1	99.8
S213	94.0	90.1	100
S232	82.7	83.7	100
S225	84.9	92.9	100
S310	82.2	90.5	99.6
S321	97.8	94.2	100
S328	97.4	96.5	99.9
均值	90.0	91.6	99.98

从表 5-4 所示路面损坏识别准确率统计结果看，无损坏的路面图像平均识别准确率为 99.98%，接近 100%，有损坏的路面图像能实现 91.6% 的平均识别准确率。在 10 条验证路线中，S232 有损坏的路面图像识别准确率为83.7%，浅色裂缝漏识别是这条路线识别准确率达不到标准要求的主要原因。要解决浅色裂缝漏识别问题，需要更多浅色裂缝路面图像样本和更合适的深度学习算法。

路面损坏智能识别系统 aCRACK 的技术架构，要比基于灰度分析的路面损坏识别系统 CiAS + CiC 简单，aCRACK 不需要复杂的路面损坏识别控制系统，不需要质量控制样本的人工标注，也不需要有经验的工程师操作，最关键的是aCRACK解决了含有污渍等非正常路面图像损坏的识别问题，系统还可以通过云平台实现远程的云计算。路面损坏智能识别系统的主要缺点是区域特性，用一个区域的数据训练出的深度学习模型，在另一个区域需要一定程度的适应性再训练。区域特性主要体现在南方与北方、东部与西部、国内与国外之间的差异。

路面损坏智能识别系统，是大规模训练样本基础上的人工智能数学算法在公路养护领域的工程应用实例。要实现高的识别准确率、能够大规模工程化应用，需要配置高水平的实验设施和研究资源：

(1)一个包含严格损坏标注的亿级路面图像数据库；

(2)一个具有较强数学能力的深度学习算法研究团队;

(3)一套包含大量存储及计算资源的硬件设施;

(4)一个标准一致的深度学习模型验证评价团队和配套的深度学习模型验证系统。

四、路面损坏数据

JTG/T E61 标准针对路面图像、路面损坏自动识别、识别结果和路面损坏指标,有如下的相关规定:

(1)路面裂缝率,为含有路面裂缝网格数与路面图像网格总数百分比;

(2)轮迹带裂缝率,为轮迹带区域含有裂缝的网格数与轮迹带区域路面网格总数百分比;

(3)横向裂缝率,为横向裂缝网格数与路面图像网格总数百分比;

(4)用于路面损坏自动识别的网格大小为 10cm×10cm;

(5)路面图像用 JPEG 等格式保存,图像文件名称应包含检测路线、方向、车道、距离或位置等信息;

(6)路面裂缝率,按 10m 检测单元计算均值,用表 5-5 格式保存。

裂缝率类路面损坏　　表 5-5

桩　　号	路面裂缝率(%)					
	全路面	轮迹带	左轮迹	右轮迹	横向	纵向

除了裂缝类路面损坏外,其他可自动识别的路面损坏或可通过 3D 路面深度图像确定的路面损坏,包括沉陷、拥包、坑槽、松散、泛油和修补(条状和块状),按表 5-6 格式保存。其中,路面修补分条状修补和块状修补,条状修补按长度计算,块状修补按面积计算。路面破损率,按《公路技术状况评定标准》(JTG 5210)规定的自动化检测路面损坏换算系数和各类损坏数量计算。

其他类路面损坏　　表 5-6

桩号	破损率(%)	沉陷	拥包	坑槽	松散	泛油	修补

第七节 准确性验证

一、验证要求

《公路路面技术状况自动化检测规程》(JTG/T E61)规定,路面损坏自动化检测需要验证3项技术指标(表5-7)。其中,路面裂缝自动识别准确率要求达到90%以上,路面裂缝最小识别宽度为1mm。

路面损坏自动检测技术要求 表5-7

验证项目	技术要求
有效检测宽度	≥2.6m
裂缝最小识别宽度	≤1mm
识别准确率	≥90%

二、路面裂缝最小识别宽度验证

JTG/T E61标准采用如下方法验证路面裂缝最小识别宽度:

(1)选择长度不小于100m的平直验证路段;

(2)在验证路段上标注路面裂缝。在标注的路面裂缝中,至少包含1条裂缝宽度不大于1mm长度不小于1m的细小裂缝;

(3)所有检测的路面图像均需清晰显示标注的路面裂缝。

三、路面损坏识别准确率验证

1.验证方法

《多功能路况自动化检测设备》(GB/T 26764)和JTG/T E61标准,均采用识别准确率(%)指标验证路面损坏自动识别系统的技术性能,验证方法为:

(1)选择路面损坏程度不同的3个验证路段,每个验证路段长度不小于1000m,路面裂缝率分布于1%~8%之间。

(2)采集各验证路段的路面图像,自动识别路面图像中的各类损坏,按10m检测单元,计算路面裂缝率CR_a。

(3)人工标注路面图像上的各类路面损坏,按10m检测单元,计算路面裂缝率CR_c。

(4)确定各10m检测单元的CR_a与CR_c绝对误差(Δ_{CR})和相对误差(δ_{CR}),如$\Delta_{CR} \leqslant 0.4\%$或$\delta_{CR} \leqslant 10\%$,则该10m检测单元的路面损坏识别准确。

(5)统计识别准确的10m检测单元与验证路段10m检测单元总数的百分比(识别准确率),若验证路段识别准确率均达到90%,则认定路面损坏自动识别系统满足技术要求。

2. 准确率验证(SPCS)

除了标准规定的路面损坏自动识别准确率验证方法,也可以根据实际情况及路面图像的可视化特点,利用检测的路面图像进行实验室验证。表5-8为路面损坏识别系统CiAS和路面损坏识别控制系统CiC协同工作情况下,利用公路网路况自动检测数据的验证实例。

路面损坏自动识别准确率验证　　表5-8

路　线	里程(km)	图　像　数	裂缝率(%)	CiAS准确率(%)	CiAS + CiC准确率(%)
XZ03	20	9704	1.3	90.6	95.4
S306	35	17427	0.1	92.3	96.5
S104	31	15721	1.2	90.2	95.7
S103B	29	14427	0.7	87.8	94.2
S103A	56	28232	0.2	79.9	95.3
X072	9	4359	1.0	89.7	90.5

上述准确性验证,采用了四川省公路网6条路线约180km CiCS采集的路面图像。从表5-8识别准确率看,CiAS第一次识别,50%的路线识别准确率不足90%,差距为0.3%～10.1%。CiC与CiAS协同工作后,经过配置优化和CiAS二次识别,6条路线的平均识别准确率达到94.6%、最低识别准确率超过90.5%。由于上述6条路线,路面状况均处于较高水平,路面裂缝率仅为0.1%～1.3%,距标准规定1%～8%路面裂缝率分布要求有很大差距,因此上述验证需要扩大范围,选择路况条件较差的路线实施进一步的准确性验证。

3. 准确率验证(SCANNER)

SCANNER采用的路面损坏标注网格为20cm×20cm,路面损坏分轻、重两类状况,轻度损坏或低裂缝率路段的识别准确率要求不小于85%,重度损坏或高裂缝率路段的识别准确率要求不小于65%,总体识别准确率不小于75%。按照上述要求,基于两条路线(北京机场路和北清路)CiCS路面检测图像[44],通过人工标注与机器自动识别,得到路面损坏自动识别准确率如表5-9所示,从表中数据看出SCANNER要求的识别准确率总体上低于我国的标准规定。

SCANNER 识别准确率验证 表 5-9

验 证 地 点	识别准确率(%)		
	总体	轻度损坏	重度损坏
机场路	80.6	93.8	71.4
北清路	93.0	96.4	88.9
SCANNER 要求	>75	>85	>65

第八节 本 章 小 结

路面损坏状况自动检测方法,主要有 2D 路面图像检测和 3D 路面激光测量两种方法。基于线扫图像技术的路面损坏检测结果为 2D 路面图像,2D 路面图像质量很大程度上取决于带状光源照明技术。基于激光测量技术的路面损坏检测结果是 3D 路面图像及其分解的 2D 路面灰度图像和路面深度图像,3D 路面图像质量取决于激光测量控制技术和 3D 数据处理技术。

灰度分析、人工智能深度学习和 3D 路面深度图像处理,均可用于路面损坏的自动识别。灰度分析的主要方法是各种条件下的数学建模及数值统计;深度学习主要依靠基于卷积神经网络 CNN 的各种识别算法;路面图像灰度分析和人工智能深度学习,也适用于基于 3D 路面图像提取的 2D 路面灰度图的机器自动识别。

第六章　路面表面构造状况检测

在自动化检测技术出现之前，路面表面构造状况检测一直沿用路面铺砂[37]的传统人工测量方法。高精度激光测距技术的发明，为路面表面构造状况自动化检测提供了支撑技术。

本章围绕路面表面构造状况自动化检测的技术需求，阐述了路面构造深度和路面磨耗等路况指标的自动检测方法。主要内容包括：

(1)路面表面构造与磨耗；

(2)路面构造状况自动检测方法；

(3)路面磨耗；

(4)路面磨耗指数；

(5)准确性验证。

第一节　路面表面构造与磨耗

在路面结构的各层系中，上面层被赋予了许多特殊的功能和技术要求，比如抗裂、抗滑和耐磨，其中耐磨性能一定程度上可解析为路面表面构造抵抗轮胎磨耗的能力。

世界道路协会[50]将路面表面构造(Surface Texture)定义为路面表面的一种自然属性特征，为一定波长(Wavelength，0～500mm)范围内，路面表面相对于路面平面的偏离与偏差(Irregularities and Deviation)，分微观构造(Microtexture，波长0～0.5mm)、宏观构造(Macrotexture，波长0.5～50mm)和大型构造(Megatexture，波长50～500mm)。微观构造源于路面表面材料特性，其结构特征影响路面抗滑性能、表面积水、路面反光和轮胎磨耗等；宏观构造取决于路面表面混合料级配和骨料大小，主要影响路面抗滑性能、轮胎噪声、表面积水和滚动阻力等；大型构造的主要组成为路面坑槽、拥包、波浪和沉陷等路面缺陷，主要影响路面抗滑性能、轮胎噪声、滚动阻力和车辆颠簸。在上述不同波长的路面构造中，国内外公路管理机构最关注的是影响路面抗滑性能、轮胎噪声、表面积水和滚动阻力的路面宏观构造状况。

路面宏观构造状况,可采用路面构造深度等指标描述,主要检测方法有路面铺砂(Volumetric Patch)和断面测量(Profilometer)两种方法,前者的指标为平均构造深度 MTD(Mean Texture Depth),后者的指标为平均断面深度 MPD(Mean Profile Depth)。

图6-1为基于断面测量的路面表面构造状况,路面构造深度 MPD 取决于路面表面开口孔隙的深度及分布,表面构造将因轮胎重复碾压作用逐渐磨损或磨耗,其磨耗程度可通过 MPD 指标的变化确定。

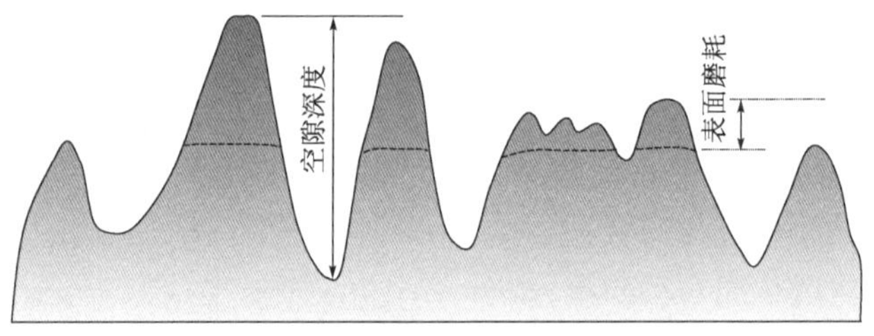

图6-1 路面表面构造状况

文献研究[58]认为路面磨耗层需具备足够的路面构造深度才能满足车辆高速行车时的安全要求,路面表面构造磨耗到一定程度,需要采取相应的养护措施,提高路面构造深度,恢复表面构造性能。

第二节 路面构造状况自动检测方法

国际上多数国家采用了基于断面测量的路面构造深度 MPD 或 SMTD(Sensor Measured Texture Depth)和 RMST(Multiple Line Root Mean Square Texture)[10]等指标描述路面构造状况。《多功能路况快速检测设备》(GB/T 26764)采用了 SMTD 指标,《公路路面技术状况自动化检测规程》(JTG/T E61)同时采用了 SMTD 和 MPD 两项指标,《公路技术状况评定标准》(JTG 5210)规定路面构造深度的评价指标为 MPD。

一、路面构造深度自动检测

JTG/T E61 标准要求路面构造深度采用高精度激光自动检测,条件具备的时候可同时采集左轮迹带、车道中线及右轮迹带三线路面构造深度,纵向采样间距不大于2mm,激光传感器分辨率为0.05mm以内,检测数据如表6-1所示,包括桩号位置、断面高程和检测速度。

路面构造深度检测数据格式　　表 6-1

桩号(km)	断面高程(左、中、右)(mm)			检测速度(km/h)

在计算路面构造深度 MPD 之前,需要对按表 6-1 格式存储的三线断面高程数据进行断面滤波,通过一定长度的移动平均滤波,获得连续的断面高程,利用断面高程数据线性插值剔除无效数据,形成可用于 MPD 计算的连续路面表面构造高程。

二、路面构造深度计算

SCANNER[10]、TRACS[59]和 JTG/T E61 等标准均采用了图 6-2 所示的路面构造深度计算方法。该方法的关键参数是 MPD 检测单元长度,假设检测单元的长度为 100mm,则路面构造深度 MPD 为检测单元中点前 50mm 和后 50mm 断面高峰均值与检测单元(100mm)断面均值的差值,单位为 mm。

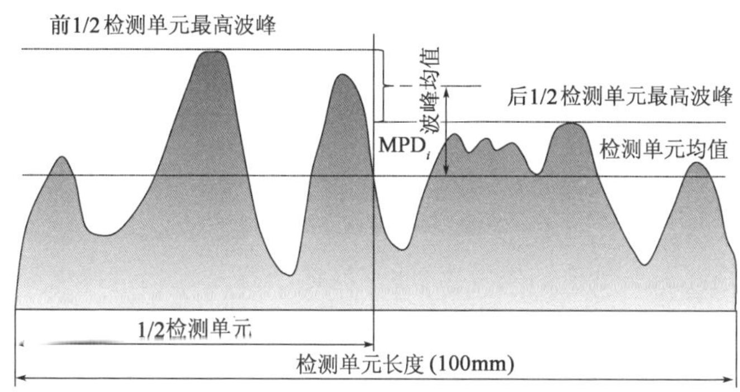

图 6-2　路面构造深度 MPD 计算方法

根据 100mm 检测单元的 MPD 数据,可计算 10m 评定单元的路面构造深度 MPD(10m 评定单元内所有 100mm 检测单元 MPD 的均值)。一个评定单元(10m)的 MPD 数组,如表 6-2 所示,需要至少包括桩号、左轮迹带 $MPD_{左}$、车道中线 $MPD_{中}$、右轮迹带 $MPD_{右}$和检测速度 5 项数据。

路面构造深度计算结果格式　　表 6-2

桩号(km)	$MPD_{左}$(mm)	$MPD_{中}$(mm)	$MPD_{右}$(mm)	速度(km/h)

第三节 路面磨耗

一、趋势与规律

通过路况自动化检测多年积累的空间和时间序列路况数据(路面长期性能大数据平台 $CMAP_{LAPP}$)[60]分类分析发现,路面构造深度 MPD 与路面等级、使用年限、车道类型、交通状况等诸多因素相关。图 6-3 所示路肩及三线路面构造深度分布状况[58]说明,未经磨损的同质路肩或紧急停车带的路面构造深度要明显大于所有车道的路面构造深度数据。

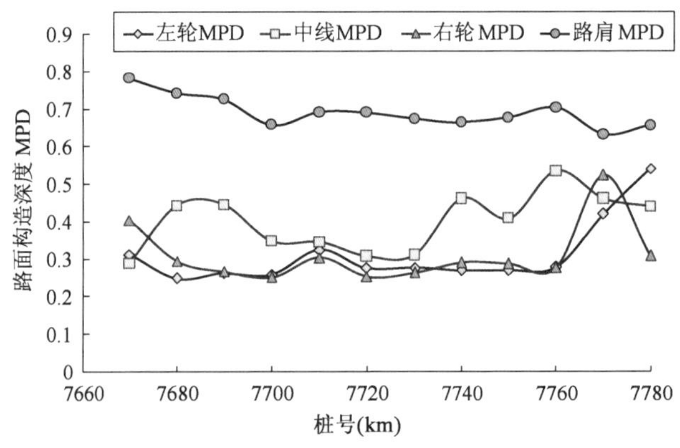

图 6-3 路面构造深度 MPD 沿线分布

从大量路况数据分析结果看出,通常高速公路路面构造深度要高于普通公路的路面构造深度,新建公路或新铺路面的路面构造深度要大于老旧路面的路面构造深度,超车道的路面构造深度要大于行车道或重载车道的路面构造深度,而轮迹带处的路面构造深度一般情况下要小于车道中线的路面构造深度。

基于上述规律可以确定不同等级的路面、不同材料的路面、不同级配的路面,在竣工后会形成不同的初始路面构造状况、拥有不同的路面构造深度。据此可以推断,通过路面构造深度 MPD 指标的简单横向比较,无法有效判断路面表面的真实磨耗状况,文献研究[61]也认为路面构造深度与路面磨耗状况存在不确定的关联关系。为此,路面磨耗状况需要通过其他方法,如以竣工验收路面构造深度为基准,通过同一路段、同一位置、不同时间检测的路面构造深度数据比较,推算路面表面的构造深度磨耗状况。

二、路面磨耗定义

路面磨损状况,可以通过路面构造深度 MPD 的变化或衰变程度分析确定,式(6-1)为路面磨耗计算方法。路面磨耗用路面磨耗率表示,路面磨耗率是描述路面磨耗状况的路况指标,为路面构造深度 MPD 变化的函数[19]。

$$WR = \frac{MPD_C - \min(MPD_L, MPD_R)}{MPD_C} \times 100\% \tag{6-1}$$

式中:WR——路面磨耗率(Pavement Surface Wearing Ratio)(%);

MPD_C——路面构造深度基准值(mm);

MPD_L——左轮迹带路面构造深度(mm);

MPD_R——右轮迹带路面构造深度(mm)。

式(6-1)有两个关键参数:①三线路面构造深度 MPD,通过路况自动化检测系统检测获取;②路面构造深度基准值,为竣工验收数据。

三、比较基准

确定路面磨耗状况的关键,是获得无磨损状态下的路面构造深度基准值。路面构造深度基准值是变化的,不同路线、不同路面、不同材料、不同施工工艺、甚至同一条路线的不同路段都会产生不同的路面构造深度基准数据。通常,路面竣工验收检测的沿线路面构造深度数据可作为路面构造深度的基准值。当无法获得有效的路面竣工验收数据时,也可以采用其他数据替代,如同质路面的路肩、紧急停车带或车道中线未经磨损部分的路面构造深度检测数据。

图 6-4 为普通公路沥青路面,在轮迹带有磨损的情况下,同质路肩与轮迹带路面构造深度的分布与差异情况。图中 MPD 数据分布说明,①路肩和轮迹带的路面构造深度有明显差异;②未经磨损的同质路肩路面构造深度检测数据,可以用作路面构造深度的基准值;③基准值和轮迹带路面构造深度 MPD 均沿线变化。

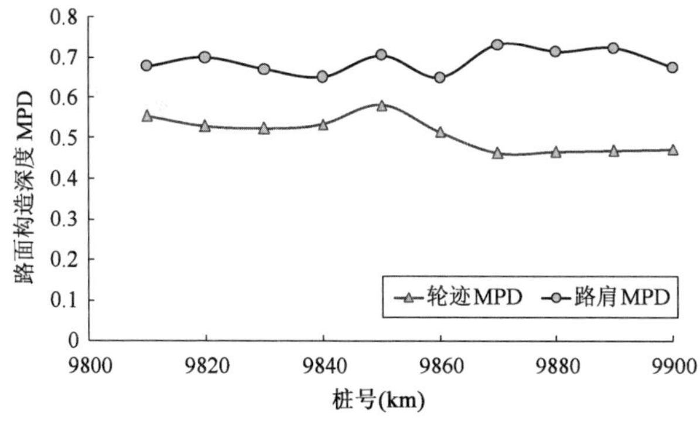

图 6-4　路肩与轮迹带路面构造深度的差异分析

第四节　路面磨耗指数

路面磨耗率可通过式(6-1)计算,其数值所赋予的意义,则需要公路工程师通过道路试验确定。为了建立路面磨耗率(WR)与路面磨耗程度及路面磨损状况的关系,基于道路试验[58],按照"无、轻、中、重、特重"五个磨耗等级,对具有不同磨损程度的试验路段进行现场调查与评价,通过统计分析建立了表6-3所示的路面磨耗率与路面磨耗状况的关系。

路面磨耗率与路面磨损状况关系　　表6-3

磨耗程度	路面磨损状况	路面磨耗率(%)
无	难以察觉,通常为新路面	≤10
轻	有磨损,轮迹带未出现光亮	10~25
中	磨损明显,轮迹带有轻微光亮	25~40
重	磨损较重,轮迹带有光亮,有车辙	40~55
特重	磨损很重,轮迹光亮明显,车辙明显	>55

式(6-2)为根据道路试验建立的路面磨耗指数PWI(Pavement Surface Wearing Index)模型,路面磨耗指数值域为0~100,作用是将路面磨耗率转换为具有统一量纲、可与其他路况指标比较分析的评价模型。按照《公路技术状况评定标准》(JTG 5210)规定,路面磨耗指数按"优、良、中、次、差"五个等级评定,对应的PWI如表6-4所示,分别为90、80、70和60。

$$\mathrm{PWI} = 100 - a_0 \mathrm{WR}^{a_1} \tag{6-2}$$

式中:PWI——路面磨耗指数;

a_0——模型参数,采用1.696;

a_1——模型参数,采用0.785。

路面磨耗等级划分标准　　表6-4

评定指标	优	良	中	次	差
PWI	≥90	≥80,<90	≥70,<80	≥60,<70	<60

第五节　准确性验证

一、验证要求

我国现行标准没有路面磨耗自动化检测准确性的验证方法和相关要求,路面磨耗自动化检测的准确性,可通过与之关联的路面构造深度MPD间接验证。

按照《公路路面技术状况自动化检测规程》(JTG/T E61)要求,路面构造深度自动化检测需要验证等速重复性;《多功能路况快速检测设备》(GB/T 26764)规定,除了等速重复性外,还要求验证不同速度的检测性能。等速重复性和不同速度检测准确性验证,均要求变异系数 C_V 不大于5.0%,但是两个标准在验证路段长度、验证速度和重复次数方面存在不同的要求。

1.路面构造深度等速重复性验证

(1)验证路段长200m;

(2)验证速度为50km/h;

(3)重复10次。

2.路面构造深度不同速度准确性验证

(1)验证路段长320m;

(2)验证速度为30km/h、50km/h、80km/h、100km/h;

(3)重复3次。

二、准确性验证

综合上述两个标准的规定,选择了一个长200m的验证路段(南京汇通路,上下行)[43],按3种速度、3次重复,验证不同速度路面构造深度MPD重复性检测的准确性。

所选验证路段路面构造深度MPD检测数据见表6-5,限于道路限速等因素,选择了20km/h、40km/h和60km/h三种验证速度。三种不同速度的3次路面构造深度MPD重复性检测均值为0.77mm,对应的变异系数为0.84%,不同速度路面构造深度MPD重复性检测的变异系数 C_V 满足标准规定不大于5%的技术要求。

路面构造深度 MPD 验证(汇通路)　　表6-5

桩号(×10m)	MPD(20km/h)			MPD(40km/h)			MPD(60km/h)		
	1	2	3	1	2	3	1	2	3
1	0.75	0.75	0.75	0.75	0.78	0.73	0.74	0.78	0.72
2	0.82	0.78	0.78	0.75	0.76	0.74	0.75	0.77	0.71
3	0.83	0.82	0.79	0.76	0.81	0.79	0.84	0.78	0.80
4	0.93	0.92	0.90	0.92	0.90	0.88	0.94	0.94	0.90
5	0.79	0.77	0.77	0.76	0.78	0.76	0.75	0.76	0.71
6	0.77	0.71	0.71	0.75	0.70	0.68	0.72	0.69	0.71
7	0.76	0.76	0.7	0.78	0.73	0.79	0.72	0.74	0.74

续上表

桩号（×10m）	MPD(20km/h)			MPD(40km/h)			MPD(60km/h)		
	1	2	3	1	2	3	1	2	3
8	0.89	0.82	0.86	0.85	0.82	0.82	0.81	0.87	0.88
9	0.85	0.83	0.93	0.85	0.86	0.87	0.86	0.9	0.90
10	0.86	0.77	0.83	0.86	0.76	0.76	0.80	0.85	0.85
11	0.73	0.70	0.70	0.69	0.71	0.75	0.75	0.75	0.69
12	0.74	0.74	0.76	0.73	0.79	0.71	0.72	0.73	0.73
13	0.80	0.78	0.77	0.76	0.78	0.78	0.72	0.73	0.74
14	0.75	0.74	0.76	0.82	0.76	0.77	0.74	0.75	0.75
15	0.65	0.68	0.68	0.7	0.65	0.73	0.75	0.74	0.72
16	0.67	0.72	0.71	0.71	0.70	0.69	0.73	0.72	0.70
17	0.72	0.75	0.77	0.76	0.73	0.74	0.75	0.74	0.73
18	0.76	0.70	0.73	0.76	0.72	0.72	0.76	0.76	0.78
19	0.82	0.83	0.82	0.79	0.80	0.80	0.81	0.79	0.85
20	0.81	0.83	0.79	0.84	0.78	0.84	0.84	0.85	0.84

第六节　本 章 小 结

不同等级、不同材料、不同级配、不同工艺施工的路面，在竣工初期就形成了各不相同的路面构造，并且路面构造会因交通轴载反复作用以不同速率衰变，产生不同程度的路面磨耗。路面磨耗状况，可依据同一路段、同一位置、不同时间检测的路面构造深度数据的纵向或时间序列比较分析确定。

路面磨耗状况自动检测的关键是路面构造深度基准值，理想的比较基准是竣工验收数据，竣工时期的路面构造几乎完好无损，与之比较，可获得准确的路面磨耗状况；当无法获得有效的竣工验收数据时，也可以采用其他数据替代，如无磨损的同质路肩或车道中线处的路面构造深度。

第七章　路面空间几何状况检测

路面空间几何状况是路面养护与大修改造的重要决策依据,针对不断增长的路面空间几何状况自动化检测需求,本章重点讨论分析了路面空间几何状况的自动检测方法、主要检测技术和主要技术指标。主要内容包括:

(1)路面几何状况自动检测方法;

(2)主要检测技术;

(3)主要技术指标;

(4)准确性验证。

第一节　路面几何状况自动检测方法

路面空间几何状况(简称,路面几何状况),可用分解在路面水平面、路面纵断面和路面横断面上的路面曲率、路面纵坡和路面横坡三项技术指标描述。通过路面曲率、路面纵坡和路面横坡三项指标及其所代表的路段长度或断面宽度,综合评价代表路段的路面空间几何状况,量化路面几何状况与主要技术及经济指标,如通行能力、自由流速度、通行时间和车辆油耗等的物理关系。

路面几何状况有两种检测方法:传统人工测量和机器自动检测。路面几何状况的传统测量方法,是利用水准仪和经纬仪等地形测量仪器,测量路面纵断面或横断面高程及平面角度信息,通过计算纵断面或横断面相邻点高差及比值,确定路面纵坡或路面横坡指标;根据单位长度的平面角度变化,计算路面曲率或曲率半径。传统的路面几何状况测量方法,由于人工操作强度大、测量效率低、安全保障不足,在公路养护工作中只适合小规模路面大修或局部路面改造的精准测量,大规模路面几何状况检测依赖更加高效的自动检测方法。

路面几何状况自动检测方法,按测量技术分类,有卫星定位和姿态测量两种检测方法。其中,基于卫星定位技术的检测方法,是利用车载高精度卫星定位装置,接收卫星信号,形成连续的路面纵断面和路面平面曲线。基于卫星定位技术的检测方法,受沿线空间环境,如树木、隧道等影响,在卫星信号不足时会产生一定程度的测量误差,这种检测方法主要用于精度要求不高的路面几何状况调查或路况普查。

基于姿态测量或IMU惯性测量技术的检测方法,是利用角位移传感器(三向陀螺仪)提供的航向角、俯仰角和横滚角等信息,测量载体在行驶过程中的实时姿态,计算检测路段的路面纵坡、路面横坡和路面曲率。姿态测量主要用于获得载体的姿态信息,载体位置信息则需要通过距离测量技术,如高分辨距离测量装置DMI(Distance Measuring Instrument)。姿态测量技术与距离测量技术结合,才能获得精确的姿态及位置信息。基于姿态测量技术的路面几何状况检测方法,融合了各种测量方法的技术优势,适合大规模路面几何状况的自动化快速检测。

第二节　主要检测技术

20世纪80年代,为满足公路基础数据自动化检测的技术需求,澳大利亚、英国、加拿大等国家的公路研究机构,基于姿态测量技术,研究提出了路面几何状况自动检测方法,开发了基于姿态测量技术的路面几何状况自动化检测系统。目前,基于姿态测量技术的路面几何状况自动检测技术,已经成为ARAN、HARRIS、ROMDAS、CiCS等路况自动化检测系统的标准配置。

1. RGDAS

RGDAS(Road Geometry Data Acquisition System),为澳大利亚道路研究所ARRB基于惯性导航技术开发的路面几何状况自动化检测系统[62]。RGDAS是一个单项指标单一功能的检测系统,主要由载体、姿态及位移传感器(纵向加速计、横向加速计、偏转率陀螺仪)、霍尔距离传感器和车载计算机组成。RGDAS能以车流速度、100f/s惯性频率自动检测路面几何状况,通过数据处理获得连续的路面纵断面和路面平面曲线,按10m统计单元计算沿线的路面纵坡、路面横坡和路面曲率等路面几何状况参数。为了提高检测数据的准确性,在RGDAS基础上ARRB开发了集成IMU惯性测量技术与GPS定位技术的Gipsi-Trac路面几何状况自动化检测系统。Gipsi-Trac由惯性传感器、距离传感器和卫星定位装置组成,GPS技术的应用为载体提供了实时的坐标和方向信息。Gipsi-Trac主要技术指标的测量精度为,采样间距1cm、路面纵坡0.2%、路面横坡0.2%、路面曲率0.1rad/km。

2. ROMDAS

新西兰DCL公司开发的路况自动化检测系统ROMDAS主要功能有两大类:基于全球导航卫星系统GNSS和IMU惯性测量技术的路面几何状况检测;基于LCMS(Laser Crack Measurement System)的3D路面激光测量。其中,LCMS为加拿大PaveMetrics System公司与INO光电研究中心合作开发的路况检测技术。路面几何状况检测集成了加速度计、陀螺仪、卡尔曼滤波器和导航卫星信号接收器等多种测量技术，主要检测指标包括路面曲率半径、路面纵坡和路面横坡或超高，按 5m、10m、20m 和 100m 等不同统计长度计算路面几何状况检测指标。

3. CiCS

路况快速检测系统 CiCS[39,54]，是一个多功能的路况自动化检测系统，其路面几何状况检测单元，包含了高精度的姿态与惯性测量传感器、卫星定位装置、距离测量装置、计算机及控制系统。CiCS 能以指定的间距，连续测量载体的姿态信息（俯仰角、横滚角、航向角），通过滤波处理，在剔除加速、颠簸等外界因素影响后，按 5m 统计单元计算路面曲率、路面纵坡和路面横坡等路面几何状况指标。

第三节　主要技术指标

路面几何状况自动化检测的有效方法，是姿态测量、惯性位移测量、卫星定位和距离测量多种技术的一体化集成。利用姿态与惯性位移测量技术检测载体的俯仰角、横滚角、航向角和三向位移，用距离测量技术获得高精度的距离信息，卫星定位测量数据则用于矫正行驶方向和高程偏移、修正测量距离和载体位置，通过集成各种测量技术获得精准的路面几何状况信息。

一、姿态及位置

姿态与惯性位移测量装置通常由相互垂直设置的三轴（X、Y、Z）陀螺仪和三向（X、Y、Z）加速度计组成。三轴陀螺仪、三向加速度计及线性测距装置，用于获得载体的俯仰角、横滚角、航向角、距离信息和行驶速度。测量的俯仰角、横滚角、航向角及行驶速度，需要利用卫星定位信息，实施实时的数据修正。

二、指标计算

假设载体与路面保持平行，利用姿态测量、惯性位移测量、卫星定位和距离测量装置按一定时间或距离间隔输出的俯仰角、横滚角、航向角和距离信息，依据式(7-1)～式(7-3)可计算路面几何状况的各项技术指标，包括路面曲率 CR、路面纵坡 GR 和路面横坡 SP。图 7-1 为包含位置信息、距离信息、路面曲率、路面纵坡和路面横坡等主要指标的路面空间几何状况自动化采集软件。

$$\mathrm{CR} = (\varphi_2 - \varphi_1) \times l^{-1} \tag{7-1}$$

$$\mathrm{GR} = \tan\theta \times 100\% \tag{7-2}$$

$$\mathrm{SP} = \tan\gamma \times 100\% \tag{7-3}$$

式中：CR——路面曲率（Horizontal Curvature）（1/m）；

GR——路面纵坡（Longitudinal Gradient）（%）；

SP——路面横坡（Transverse Slope）（%）；

θ——俯仰角(°);

γ——横滚角(°);

φ_1、φ_2——航向角(相邻两点)(rad);

l——采样间距(m)。

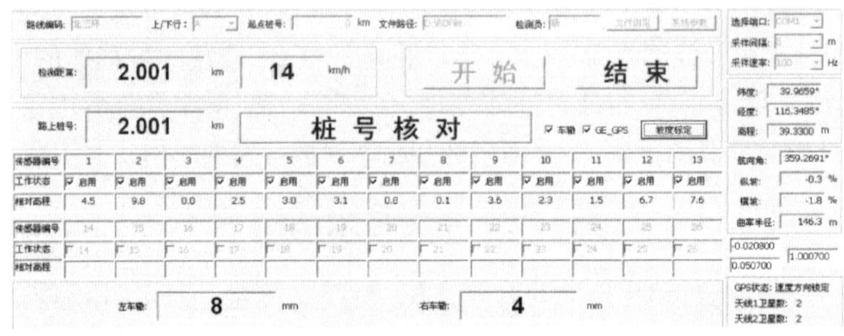

图 7-1　路面空间几何状况自动检测

在路面几何状况实际检测过程中,载体底面并不总是与路面表面保持稳定的平行状态,很多情况下,如加减速和弯道行驶,载体会发生倾斜导致一定程度的测量误差。在计算路面几何状况指标之前,需要通过数据处理,如姿态校正或滤波处理消除上述因素的影响。

第四节　准确性验证

一、验证要求

路面几何状况自动化检测准确性验证的主要内容,包括路面曲率、路面纵坡和路面横坡,按照《公路路面技术状况自动化检测规程》(JTG/T E61)有关规定,准确性验证需要满足表 7-1 的误差要求,包括绝对误差和相对误差。

路面几何状况准确性验证要求　　表 7-1

验 证 指 标	技 术 要 求
路面曲率	65% 的数据绝对误差≤0.0015m^{-1}
	95% 的数据绝对误差≤0.003m^{-1}
	所有数据绝对误差≤0.005m^{-1}
路面纵坡	95% 的数据绝对误差≤1.5% 或相对误差≤10%
	所有数据绝对误差≤6%
路面横坡	95% 的数据绝对误差≤1.5% 或相对误差≤10%
	所有数据绝对误差≤6%

二、验证方法

针对路面曲率、路面纵坡和路面横坡三项路面几何状况自动化检测路况指标,JTG/T E61 标准规定了 3 种不同的验证方法。

1. 路面曲率

(1)选择长度不小于 200m 的验证路段,其中曲线段长度不小于 100m,路面曲率不小于 $300m^{-1}$;

(2)在验证路段上每 5m 或 10m 标注一个测点位置;

(3)以 20km/h、30km/h、40km/h 三种不同速度及不大于 0.5m 的采样间距,匀速检测验证路段的路面曲率信息;

(4)计算验证路段 10m 检测单元的路面曲率。

2. 路面纵坡

(1)选择长度不小于 150m 坡度已知的路面纵坡验证路段,最大纵坡不小于 5%;

(2)在验证路段上每 5m 或 10m 标注一个测点位置;

(3)以 20km/h、30km/h、40km/h 三种不同速度及不大于 0.5m 的采样间距,匀速检测验证路段的路面纵坡数据;

(4)计算验证路段 10m 检测单元的路面纵坡。

3. 路面横坡

(1)选择包含平曲线及路面超高长度不小于 200m 横坡已知的路面横坡验证路段,其中最大路面横坡或超高不小于 4%;

(2)在验证路段上每 5m 或 10m 标记一个测点位置;

(3)以 20km/h、30km/h、40km/h 三种不同速度及不大于 0.5m 的采样间距,匀速检测验证路段的路面横坡信息;

(4)计算验证路段 10m 检测单元的路面横坡。

比较检测数据与已知基准数据,计算验证路段各 10m 检测单元的绝对误差、相对误差和满足误差要求的比例,根据标准规定确定路面几何状况自动检测的准确性能。

三、验证路段

根据上述方法,选择包含上下坡及连续弯道的 600m 验证路段(北京郊区龙凤路,桩号 K4 +000 ~ K4 +600)验证路面曲率和路面纵坡自动检测的准确性;选择包含上下坡及弯道横坡的 270m 验证路段(彩虹桥)验证路面横坡和路面纵坡自动检测的准确性[44]。

上述两个验证路段的基准数据,通过仪器测量(间隔5m)和竣工验收资料两种途径获得(表7-2),每个验证路段的各项验证指标,以不同速度重复检测3次。

路面几何状况数据格式　　表7-2

桩号(km)	路面曲率(m^{-1})	路面纵坡(%)	路面横坡(%)

四、路面曲率验证

路面曲率的准确性验证结果见表7-3和图7-2,重复检测的所有数据,均满足95%绝对误差不大于$0.003m^{-1}$和65%绝对误差不大于$0.0015m^{-1}$的技术要求。

路面曲率准确性验证　　表7-3

误差要求	CR-1	CR-2	CR-3
95%绝对误差≤$0.003m^{-1}$	98%	98%	98%
65%绝对误差≤$0.0015m^{-1}$	92%	96%	96%

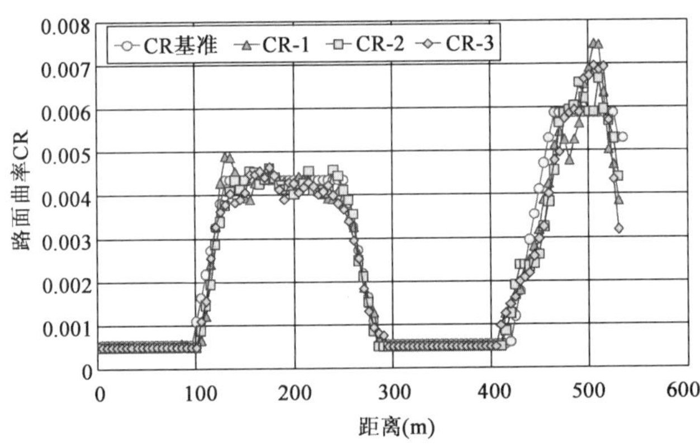

图7-2　路面曲率准确性验证

五、路面纵坡验证

路面纵坡的准确性验证结果见表7-4和图7-3,重复检测的所有数据,均满足95%绝对误差不大于1.5%(相对误差不大于10%)和所有数据绝对误差不大于6%的技术要求。

路面纵坡准确性验证　　表 7-4

误 差 要 求	GR-1	GR-2	GR-3
95%绝对误差≤1.5%或相对误差≤10%	100%	100%	100%
所有数据绝对误差≤6%	100%	100%	100%

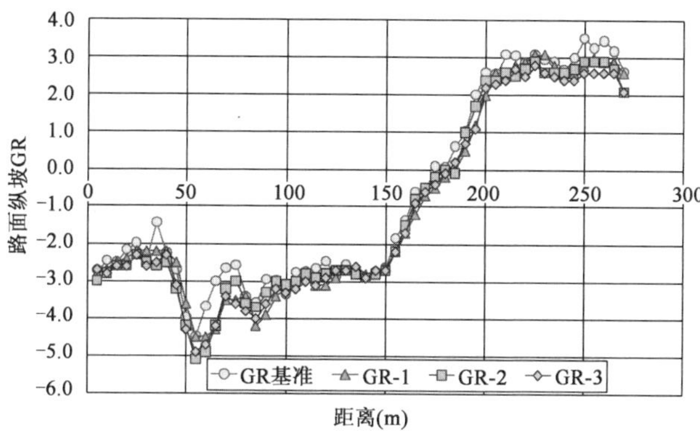

图 7-3　路面纵坡准确性验证

六、路面横坡验证

路面横坡的准确性验证结果见表 7-5 和图 7-4，所有数据均满足表 7-1 的技术要求。

路面横坡准确性验证　　表 7-5

误 差 要 求	SP-1	SP-2	SP-3
95%绝对误差≤1.5%或相对误差≤10%	95%	96%	95%
所有数据绝对误差≤6%	100%	100%	100%

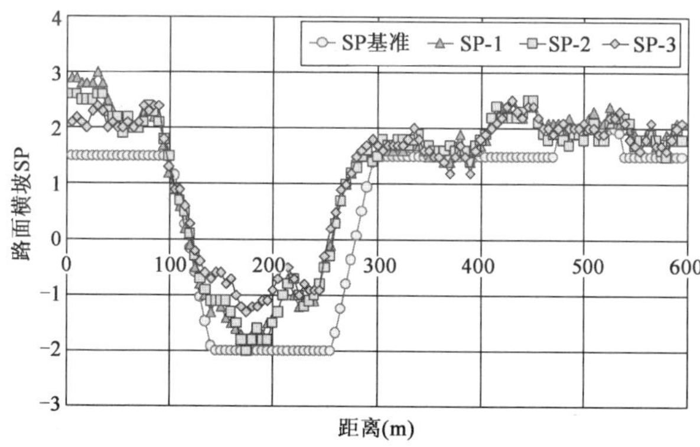

图 7-4　路面横坡准确性验证

第八章　路面空间资产状况检测

本章主要讨论了路面空间资产状况的自动检测方法和资产特征的自动识别技术。主要内容包括：

(1)路面空间资产；

(2)路面空间资产状况自动检测方法；

(3)资产特征识别技术；

(4)资产特征识别系统；

(5)准确性验证。

第一节　路面空间资产

路面空间资产，包括路面上空及周边空间区域的所有公路资产。能够自动检测的路面空间资产主要包括边坡、桥梁、隧道、中央分隔带、防撞护栏、出入口、交通标志、路面标线、林木和绿化等；主要检测指标为资产类别、位置、尺寸(高度、宽度、长度)和资产技术状况。路面空间资产状况自动检测的目的在于，从公路养护角度，评价路面空间资产设置的合理性、完好状态和养护需求；从公路用户角度，分析安全防护、指路信息和路域环境等可能存在的技术缺陷。

除了路面以上的空间资产，还有路面以下的路面结构、路基结构、土基状况、涵洞和地下设施等资产内容，本章关注的重点是路面以上部分的空间资产状况自动化检测与识别。

第二节　路面空间资产状况自动检测方法

许多公路网发达国家都在探索路面空间资产状况的自动检测方法和检测技术。21 世纪初，通过各类国家及行业重点科技项目，我国实施了一系列的路面空间资产状况自动化快速检测技术研究，形成了多项自动检测关键技术。

其中，依托“863 计划”(国家高技术研究发展计划)项目，研究团队在总结分析国内外技术成果基础上，针对边坡、桥梁、隧道、中央分隔带、防撞护栏、出入口、交通标志、路面标线、林木和绿化等路面以上部分的空间资产状况检测需求，提出了基于图像技术的路面空间资产状况自动检测方法和资产特征自动识别技术[39]。

基于图像技术的路面空间资产状况自动化检测，需要配置路面前方图像及必要的路面侧向图像采集装置。《多功能路况快速检测设备》（GB/T 26764）规定，路面前方图像分辨率需要大于1600×1200像素，检测频率不小于100f/km。路面前方图像及路面侧向图像的位置，通过距离测量、卫星定位或两者联合定位方式确定，路面前方图像需要与公路上的里程桩号自动关联，与桩号关联的路面前方图像（包括路面侧向图像）需要能够清晰分辨5～10m范围内的路面空间资产状况，通过路面空间资产特征自动识别技术，自动识别各类资产的类别、位置、尺寸和主要的技术状况。

能够用于路面空间资产状况自动检测的方法，还有基于大量程激光测量LiDAR（Light Detection and Ranging）技术的3D路面空间资产激光检测[63]。通过3D路面空间资产激光测量，获得包含路基（边坡）、路面（标线等）、桥隧构造物、沿线设施和绿化等路面以上部分空间资产的三维点云数据，形成可用于各类空间资产状况自动识别的3D解析模型。

两种方法各有优势，3D路面空间资产激光测量LiDAR集成了大量程激光、惯性位移测量和卫星定位等技术，能够测量高精度的3D路面空间资产状况。基于路面前方图像的路面空间资产状况检测方法，能够获得包含丰富色彩信息的高分辨路面前方图像，在计算路面空间资产的类别、位置和尺寸的同时，还可分析各类资产的技术状况和养护需求，低成本和高效率是基于图像技术的路面空间资产状况自动检测方法的主要优势。

第三节　资产特征识别技术

资产特征识别的目的是，利用连续检测的路面前方图像或侧向图像，通过灰度分析、模式识别、深度学习等方法，确定公路全资产管理需要的基础信息。

有两类主要技术可用于资产特征的自动识别：图像处理和人工智能。人工智能特征识别方法，主要是基于神经网络的深度学习。图像处理特征识别方法，包括基于灰度图的灰度分布统计，基于彩色图的颜色增强、颜色聚类、颜色分割、图像匹配、特征提取、集合变换、几何推理、颜色空间的阈值化处理及各种方法的综合应用。

由于路面空间资产具有不同的属性特性，为了便于特征识别，可将路面空间资产分为标志、标线、构造物、设施和绿化5类内容，针对不同的资产类别采用不同的识别分类技术。

一、标志类资产

标志类资产包含了不同形状(方形、圆形、三角形等)和不同颜色(绿色、黄色等),在路面前方图像的复杂场景中,能够准确识别出标志类资产的关键技术是各类标志边缘区域ROI(Region of Interest)的有效提取。标志的边缘区域ROI,如图8-1所示,可通过标志颜色和标志形状的匹配分析提取,路面标志因其具有标准化的轮廓特征,通常适合采用模式识别技术识别分类。

图8-1 标志类资产特征识别(标志遮挡)

二、标线类资产

路面标线包含了多种形式(实线、虚线、双线、单线、斑马线等)和不同颜色(白色、黄色等)。在路面前方图像中,路面标线的主要特征是线条和亮度,路面标线识别的关键是线条的提取。标线线条的提取,可通过灰度处理、空间滤波、二值化和标线长宽阈值分析实现。

三、构造物类资产

构造物类资产主要包括边坡、桥梁、隧道和出入口等,各类构造物的特征识别可采用基于彩色图的颜色分割方法,根据路面前方图像的RGB(红、绿、蓝)颜色特征、直方图分布和阈值分析判断。

四、设施类资产

在路面前方图像中,设施类资产,如图8-2所示,包括防撞护栏、中央分隔带和井盖等,均具有明显的轮廓和位置特征(边缘长条、圆形井盖等),其特征通常可采用基于彩色图的图像匹配或模式识别技术提取。

图 8-2　设施类资产特征识别

五、绿化类资产

绿化类资产包括树木和草坪等，在路面前方图像中，绿化类资产通常位于路面两边上方区域并且具有明显的颜色特征。依据这一特点，可采用基于彩色图的颜色聚类方法，通过 RGB 颜色空间转换、区域设定、直方图分析，依据各类经验阈值（高度等）确定乔木和灌木等的空间轮廓特征。

在确定了路面空间资产类别之后，还需计算其在路面空间中的位置信息。其中，路面前方图像文件中附带的桩号信息，可用于计算各类资产在路面周边空间中的相对位置，包括桩号、横向位置和高度。

由于载体位置和图像采集角度等因素影响，在检测的路面前方图像中，有些资产有可能出现不同程度的变形及色彩失真，导致路面空间资产特征识别失准。提升路面空间资产特征识别准确性，需要关注两方面的影响因素：①路面前方图像的检测质量；②资产特征的识别算法。

第四节　资产特征识别系统

资产特征识别系统 AARS（Asset Auto-Recognition System）是汇集各类资产特征识别算法的自动识别软件[39]。如图 8-3 所示，AARS 主要用于各类交通标志、地面标线、空中构造物、沿线设施和周边绿化等路面空间资产状况主要特征的自动识别，主要功能包括图像管理、识别控制、特征标注和数据管理。

（1）图像管理：路面前方或侧向图像存储目录设置、索引文件管理；

（2）识别控制：识别范围选择、阈值参数设置；

（3）特征标注：资产轮廓自动标注、识别图像浏览；

（4）数据管理：识别结果存储和导出。

图 8-3　路面空间资产特征识别系统 AARS

路面空间资产状况主要技术指标，如表 8-1 所示，包括资产类别、位置、尺寸和技术状况：

(1)资产类别 TA；

(2)资产位置 PA(桩号 PA_1、横向距离 PA_t)；

(3)资产尺寸 SA(高度 SA_h、长度 SA_1、宽度 SA_w)；

(4)资产技术状况 CA。

资产特征识别结果数据格式　　表 8-1

类别	桩号	横向距离	高度	长度	宽度	技术状况

第五节　准确性验证

现行标准没有路面空间资产状况自动化检测准确性验证的相关规定和技术要求。为了验证基于路面前方图像的资产特征自动识别系统的准确性，在广东省公路网路况检测数据中，随机抽取了 3 条总长约 242km 的高速公路，利用 AARS，自动识别路面前方图像中的标志、标线、桥梁和隧道等资产内容，通过与人工标注数据比较，分析路面空间资产特征识别的效果与准确性(表 8-2)。

路面空间资产特征识别效果与路面前方图像清晰程度有密切关系，路面前方图像特征模糊时，会产生一定比例或数量的误识别或漏识别；特征明显时，能够以较高的准确率自动识别各类路面空间资产及其主要特征。其中，标志和标线等的技术状况识别内容，主要是宏观状况，如倾斜、断裂、缺失、遮挡等；微观的技术状况，如标线反光性能、标志内容及清晰程度等，需要采用专用的标志标线设备检测。

资产特征自动识别准确性验证　　表 8-2

路　　线	长度(km)	图像数量	准确率(%)
G030	109	2180	96.2
G107	92	1840	97.0
S110	41	820	95.1

第六节　本章小结

路面空间资产状况的主要技术指标为各类资产的名称、位置、尺寸和技术状况。有两种方法可用于路面空间资产状况的自动化检测，基于路面前方图像的路面空间资产特征自动识别和 3D 路面空间资产激光测量。本章重点讨论了基于路面前方图像的路面空间资产检测方法，该方法的主要优势是成本和效率，通过图像处理、特征识别和资产分类，能够快速识别和分类路面以上空间范围内的标线、标志、构造物、防护设施和绿化树木等各类路面空间资产的主要特征。

第九章　路况自动化检测系统技术架构

结合我国大量装备的路况快速检测系统 CiCS,基于路况自动化检测指标体系 IPCS 和各类细分路况自动化检测技术,本章归纳总结了路况自动化检测系统的技术架构,研究分析了路况自动化检测的系统平台、细分路况检测单元和平台软件等各组成部分的技术及功能需求。主要内容包括:

(1)技术架构;

(2)系统平台;

(3)细分路况检测单元;

(4)平台软件。

第一节　技术架构

一、检测指标

在 30 项路况自动化检测指标体系 IPCS 中,除了路面结构强度 SSI(路面弯沉)和横向力系数 SFC 两项路况指标需要采用其他装备检测外,其余 28 项路况指标,如表 9-1 所示均可通过路面纵断面状况、路面横断面状况、路面表面损坏状况、路面表面构造状况、路面空间几何状况和路面空间资产状况自动化检测技术的系统集成,实现全断面一体化快速检测。

检 测 指 标　　表 9-1

编号	类　　别	数量	路 况 指 标
1	路面纵断面状况	4	国际平整度指数 IRI
2			路面跳车 PB
3			3m 移动均方差 $ELPV_3$
4			10m 移动均方差 $ELPV_{10}$
5	路面横断面状况	6	路面车辙深度 RD
6			左车辙 RD_L
7			右车辙 RD_R
8			车辙影响面积 RA

续上表

编号	类　别	数量	路 况 指 标
9	路面横断面状况	6	横断面均方差 TPV
10			横断面绝对误差 AD
11	路面表面损坏状况	6	路面破损率 DR
12			轮迹带裂缝率 DR_w
13			左轮迹裂缝率 DR_L
14			右轮迹裂缝率 DR_R
15			横向裂缝率 DR_T
16			纵向裂缝率 DR_V
17	路面表面构造状况	5	路面构造深度 MPD
18			路面磨耗率 WR
19			左轮迹带路面构造深度 $MPD_{左}$
20			车道中线路面构造深度 $MPD_{中}$
21			右轮迹带路面构造深度 $MPD_{右}$
22	路面空间几何状况	3	路面曲率 CR
23			路面纵坡 GR
24			路面横坡 SP
25	路面空间资产状况	4	资产类别 TA
26			资产位置 PA
27			资产尺寸 SA
28			资产技术状况 CA

二、功能架构

从20世纪80年代开始，国际上许多公路检测技术研究机构，根据公路养护产业发展需要，研究开发了多种路况自动化检测系统，主要系统包括HARRIS、ARAN、NSV、PAVSCAN、Waylink、ROMDAS和CiCS等。

上述路况自动化检测系统集成了各类细分路况检测技术，具有不同程度的全断面路况自动化检测能力，能同步连续检测任一断面的全部或部分路况数据，并根据检测数据计算各类路况指标。

根据《多功能路况快速检测设备》(GB/T 26764)的技术要求和国内外路况自动化检测系统研发应用经验，要完成28项路况指标的一体化自动检测任务，需要集成路面纵断面状况、路面横断面状况、路面表面损坏状况、路面表面构造状况、路面空间几何状况和路面空间资产状况等不同类别的细分路况自动化检测技术,形成稳定可靠的路况自动化检测系统。路况自动化检测系统的有效工作,需要一个系统平台、多个细分路况检测单元和一套平台软件的协同工作。

(1)系统平台:为各类细分路况检测单元提供技术支持和工作环境,包括移动载体、高位设备支撑装置、电源系统、照明支撑装置、近地设备悬挂装置、距离测量支撑装置、设备控制系统和服务器系统及固定装置等。

(2)细分路况检测单元:为系统平台上搭载的各类细分路况自动化检测技术及设备总成,用于行驶距离、地理信息、路面纵断面状况、路面横断面状况、路面表面损坏状况、路面表面构造状况、路面空间几何状况和路面空间资产状况的自动化检测。

(3)平台软件:为系统平台和各类细分路况检测单元的测量控制软件,包括各类细分路况检测单元的模块化采集软件和系统平台的主控软件。

第二节 系统平台

系统平台是路况自动化检测系统的三大组成之一。如图 9-1 和表 9-2 所示,系统平台的主要组成部分包括移动载体、高位设备支撑装置、电源系统、照明设备支撑装置、近地设备悬挂装置、距离测量支撑装置、设备控制系统和服务器系统,主要作用是挂载各类路况检测单元,为各类路况指标的自动化检测提供协同工作的条件和环境。

系统平台的组成及作用　　表 9-2

编号	组　成	作　用
1	移动载体	提供检测工作条件、搭载各类路况检测单元
2	高位设备支撑装置	固定高位检测装置,如激光器、各类相机等
3	电源系统	为各类路况检测单元、服务器等提供电源
4	照明设备支撑装置	照明设备的固定及支撑
5	近地设备悬挂装置	各类高精度激光传感器的挂载
6	距离测量支撑装置	旋转编码器等
7	设备控制系统	各检测装置的开关显示与控制
8	服务器系统	为各类路况检测单元提供计算资源

一、移动载体

移动载体的作用是提供路况自动化检测的工作条件、搭载各类路况检测单元,载体的选择取决于公路网(干线公路、农村公路、城市道路或机场道面)的技术条件和养护管理需求。其中，国省干线公路，具有较好的路面几何状况，有良好的通过性，要求检测较多的路况指标，需要搭载更多的路况检测单元，其载体需要有一定的承重和挂载能力，一般选择图 9-1 所示的中型以上载体；农村公路，通常路面几何条件较差，弯道多、坡度大、路面窄、路况差，但是要求检测的指标也相对较少，不需要挂载太多的路况检测单元，如图 9-2 所示，通过性较强的小型载体更适合农村公路等低等级公路路况自动化检测。

图 9-1 系统平台(中型载体)

图 9-2 移动载体(小型载体)

载体的选择，有时也取决于载体自身的技术条件，如轮胎周长、承重方式及可改装性。采用旋转编码器测量行驶距离时，轮胎的周长将影响各类传感器的采样密度和2D 路面图像或3D 路面表面的分辨率。表9-3 为两种不同载体改装的技术参数，主要差别在于工作尺寸，尤其是工作高度。

系统平台的载体类型 表 9-3

载体参数	中型载体	小型载体
车型	中型	小型
牌照类型	特种改装公告	特种改装公告
工作长度(mm)	5870	4760
工作高度(mm)	2500 ~ 3300	2000
工作宽度(mm)	1900 ~ 2032	1885
轮胎周长(mm)	2060	2.371
最大检测速度(km/h)	110	100
工作温度(℃)	-15 ~ 50	-15 ~ 50
工作湿度(%)	0 ~ 85	0 ~ 85
海拔高度(m)	0 ~4500	0 ~5000
风速	7 级	7 级

二、高位设备支撑装置

高位设备支撑装置的主要作用是，支撑路面线扫相机、3D 路面激光测量装置、卫星信号接收装置、惯性导航系统、路面前方相机、路面侧向相机、激光照明装置和车载无人机等。

在上述各类图像、位移和距离测量装置中，最关键的部分是路面线扫相机和 3D 路面激光测量装置的支撑结构。其中，路面线扫相机的工作高度一般在 2500 ~ 3300cm 之间，在行驶过程中将承受颠簸、风压和惯性等的外力作用，对支撑装置有较高的结构强度要求，比如在 IRI 12m/km 高颠簸、7 级风速或 100km 时速检测过程中能够采集清晰的路面裂缝图像。图 9-3 为高位设备支撑装置，包含其路面线扫相机的刚性支撑结构。

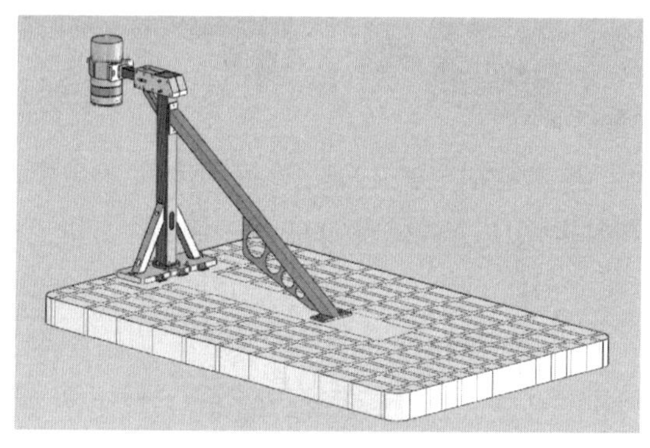

图 9-3 高位设备支撑装置

三、电源系统

电源系统，包括内置全封闭低噪声发电机、大型开关电源和稳压电源，主要作用是为路况自动化检测系统所有细分路况检测单元、服务器和照明等配套装置提供各种规格的电源需求。在系统平台中，电力需求最大的是高亮度带状灯光照明装置和服务器系统。采用日光光源带状照明时，根据线扫相机的光度、色温和检测宽度等设计参数，照明装置的有效功率至少要达到 3500W 以上。

四、照明设备支撑装置

无论采用哪种照明方式，都需要稳固的支撑装置。不同的照明方式要求不同的固定支撑高度，采用日光光源带状照明时，照明支撑装置需要挂载于载体底部，以便获得足够的照明亮度和大角度的倾斜光线；采用 LED 带状照明或线激光照明时，照明支撑装置适合选择在载体顶部，以便获得足够的照明宽度。

五、近地设备悬挂装置

近地设备,包括各类近距高精度激光传感器等精密设备,主要用于路面纵断面、路面横断面和路面表面构造状况的精确测量。近地设备有传感器数量、检测宽度、悬挂高度、挂载重量和稳定性要求,支撑装置需要采用轻质高强材料和散热、防尘、防水和耐颠簸的结构设计。

六、距离测量支撑装置

行驶距离通常采用旋转编码器测量,旋转编码器需要安装在轮轴上,利用旋转产生的脉冲信号及轮胎周长,计算载体的行驶距离。轮胎在滚动过程中,会产生相对于载体的运动。为了确保轮胎运动不导致旋转编码器角度变化而产生错误的触发信号,旋转编码器需要一套能够确保运动方向相对于载体不变的支撑装置。图9-4为具有单向运动特性的旋转编码器支撑装置,图9-5为旋转编码器支撑装置的结构设计。

图9-4　距离测量支撑装置

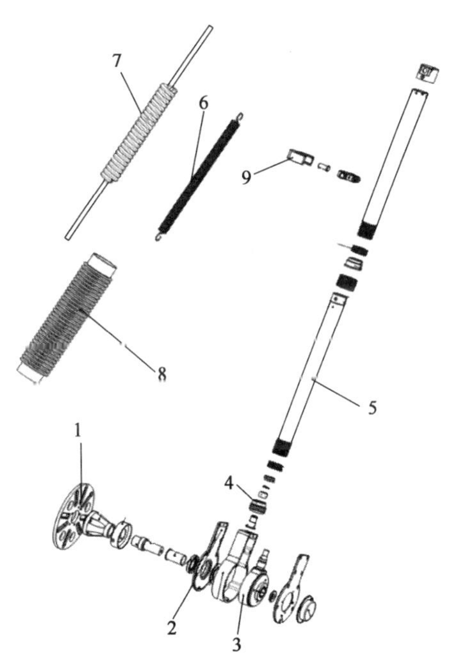

图9-5　距离测量支撑装置结构

1-编码器驱动盘;2-外壳后端盖;3-编码器;4-关节轴固定套;5-滑动管;6-回位拉簧;7-编码器数据线,8-防尘套;9-偏转力矩双向摆角调整器

七、设备控制系统

设备控制系统，主要用于监控各类路况检测单元、电源系统和照明装置等的工作状态，包括输出电压、电流、机舱温度等技术参数，在相关参数超出阈值时发出预警信息。

八、服务器系统

服务器系统，是路况自动化检测系统的信息处理中心，包括控制服务器、任务服务器、网络交换机和存储设备等。其中，控制服务器用于路况自动化检测总体控制，负责任务分配、距离信号分配、过程控制和信息集成；任务服务器主要负责任务接收、信号接收、各类路况检测任务实施和数据压缩存储等。

第三节　细分路况检测单元

有了上述系统平台，就有条件完成距离测量、卫星定位和各细分路况检测单元的系统集成与参数配置。

一、距离测量

距离测量的目的是给各类路况检测单元提供实时的距离信号。按照《多功能路况快速检测设备》（GB/T 26764）规定，只要满足毫米级（1mm）分辨率要求，任何类型的距离传感技术都可用于距离测量，包括增量型旋转编码器等。采用旋转编码器测距时，传感器的技术性能或参数指标需要满足表9-4的技术需求，表中的关键参数是编码器分辨率和距离分辨率，编码器分辨率的选择需要考虑路况检测对距离分辨率的要求，距离分辨率是编码器分辨率和轮胎周长的函数。

距离测量参数配置（需求）　　表9-4

编号	项　目	指标及参数
1	检测指标	行驶距离（mm）
2	定位方法	光学增量旋转编码器
3	定位精度	≤0.02%
4	编码器分辨率	≥2048p/r
5	距离分辨率	1mm
6	距离测量误差	≤0.1%
7	防护级别	IP65以上
8	挂载方式	近地后轴挂载

系统平台搭载的所有细分路况检测单元，共享一个距离测量信号，距离信号通过信号分配器，实时分配给各路况检测单元并触发相关数据的同步检测。

二、卫星定位

旋转编码器的主要优点是分辨率高、测量精度高，缺点是检测距离易受载体行驶轨迹，如借道超车、变道行驶等因素影响。采用旋转编码器测量行驶距离时，需要定期实施桩号矫正。

车载卫星定位系统的主要作用是，①用于旋转编码器等线性距离测量装置的距离矫正；②用于路面前方图像等的定位，定位信息用于确定交通标志、桥隧构造物、沿线设施等路面空间资产的位置。

卫星接收装置的定位精度，受隧道、行道树等因素影响。GB/T 26764 标准规定，当卫星信号覆盖率（可接收有效卫星信号检测长度之和占检测总长的百分比）超过 70% 时，要求 95% 的测点卫星定位允许误差不超过 2m。表 9-5 为卫星定位装置的参数配置需求。

卫星定位参数配置（需求）　　表 9-5

编号	项　　目	指标及参数
1	检测指标	地理坐标（X,Y,Z）
2	定位方法	卫星（北斗等）
3	形式	车载
4	定位误差	≤1.5m
5	挂载方式	高位固定，载体顶端

三、路面纵断面状况检测

路面纵断面状况检测，依赖于激光测距传感器、纵向位移加速度计、姿态测量（角位移）传感器或 IMU 惯性检测单元及距离测量装置的协同工作和信息融合。路面纵断面状况检测的目的是计算路面平整度和路面跳车等路况指标。路面纵断面状况检测有高位支撑（3D 路面激光测量）和近地挂接两种方式，无论采用哪种方式，路面纵断面高程及由此计算的各类路面平整度指标，均需要满足国家和行业有关标准的技术要求。表 9-6 为近地路况检测单元的参数配置，与高位支撑相比，近地激光量程的大幅缩短，有利于获得更精确的路面纵断面高程数据。

有些路况条件下（山区公路、拥挤路段），路面纵断面状况检测装置的挂接方式和位置，将影响路面纵断面检测的准确性。其中，激光测距传感器可以与路面横断面状况检测单元一体化集成，也可以采用在载体前轮与后轮连线中心处独立挂接的方式，以便最大程度避免载体摆动产生的激光测距和加速度计位移误差。为了确保路面纵断面状况检测的准确性,GB/T 26764 标准建议条件具备时可实施路面弯道检测、紧急制动检测和超低速检测三项准确性验证。

路面纵断面状况检测参数配置 表 9-6

编号	项 目	指标及参数
1	检测指标	国际平整度指数 IRI 路面跳车 PB 3m 移动均方差 $ELPV_3$ 10m 移动均方差 $ELPV_{10}$
2	检测方法	激光传感器
3	传感器数量	2 个
4	传感器频率	≥20kHz
5	基准安装高度	400mm
6	测量范围	±140mm
7	高程分辨率	≤0.5mm
8	惯性补偿方法	加速度计
9	加速度计量程	±5g
10	加速度计数量	1~3 个
11	陀螺仪数量	0~3 个
12	纵向检测间距	1~100mm
13	挂载方式	近地挂载,载体后轮后方

四、路面横断面状况检测

路面横断面状况检测的目的是计算路面车辙深度等路况指标,有点式线激光和梁式点激光两种路面横断面检测方法。其中,点式线激光路面横断面检测,通常采用高位支撑的大量程 2D 路面激光测量方法;梁式点激光路面横断面检测,激光量程短,一般为采用近地悬挂方式。在满足标准要求的情况下,两种方法都可以用于路面横断面状况检测,但是需要采用不同的挂载方式。

表 9-7 为梁式点激光路面横断面状况检测的参数配置。梁式点激光检测要求所有激光测距传感器均固定于同一基准平面,如刚性横梁上,激光传感器数量不少于 13 个,并且满足 GB/T 26764 标准关于 95% 的检测数据与实际车辙偏差小于 ±3mm 和 65% 的检测数据与实际车辙偏差小于 ±1.5mm 的技术要求。

路面横断面状况检测参数配置　　表9-7

编号	项　　目	指标及参数
1	检测指标	路面车辙深度 RD 左车辙 RD_L 右车辙 RD_R 车辙影响面积 RA 横断面均方差 TPV 横断面绝对误差 AD
2	检测方法	激光传感器
3	传感器数量	≥13 个
4	传感器频率	≥8kHz/s
5	基准安装高度	400mm
6	测量范围	±140mm
7	传感器分辨率	0.1mm
8	车辙测量精度	≤0.5mm
9	激光防护级别	IP65 以上
10	支撑装置宽度	≤2200mm
11	检测宽度	≥3500mm
12	纵向检测间距	100～200mm
13	挂载方式	近地挂载，前置

路面横断面状况检测的关键是点式线激光或梁式点激光的分辨率、测量精度及传感器数量。为了保证要求的路面横断面检测精度，英国 SCANNER 国家公路网路况评定标准[64]规定，梁式点激光传感器数量至少需要配置20个以上。

五、路面表面损坏状况检测

路面表面损坏状况检测，是为了获得路面上各类损坏的详细信息，包括路面裂缝、修补、坑槽、松散和泛油等的位置、数量和程度。有两种方法可用于路面损坏状况自动化快速检测，一种是基于图像技术的检测方法，另一种是3D路面激光检测方法。两种路面损坏状况自动化检测，均需要采用高位支撑方式。表9-8为基于图像技术的路面损坏状况检测单元的参数配置。其中，路面线扫相机的扫描频率是一个关键参数，其值取决于期望的检测速度。路面检测宽度是行业标准要求的技术参数，检测宽度可通过线扫相机支撑高度在带状照明宽度容许范围内调整。

路面表面损坏状况检测参数配置　　表9-8

编号	项　目	指标及参数
1	检测指标	路面破损率 DR 轮迹带裂缝率 DR_w 左轮迹裂缝率 DR_L 右轮迹裂缝率 DR_R 横向裂缝率 DR_T 纵向裂缝率 DR_V
2	检测方法	线扫相机(Line Scanning)(路面)
3	相机数量	1个
4	扫描频率	36kHz
5	检测宽度	车道宽度70%或2600mm以上
6	纵向检测间距	1mm
7	裂缝分辨能力	1mm
8	挂载方式	高位支撑,顶端后置

六、路面表面构造状况检测

路面表面构造状况的主要指标是路面构造深度,路面构造深度检测的关键是获得高精度的左轮迹带、车道中线和右轮迹带的三线路面表面构造数据。路面表面构造状况,通常采用3个以上近地挂载的高精度激光传感器测量。

表9-9为路面表面构造状况检测单元的参数配置,与路面纵断面和路面横断面状况检测单元的参数配置相比,路面表面构造状况检测单元要求更高的测量频率和检测分辨率,纵向检测间距要求更小、测点密度更高。

路面表面构造状况检测参数配置　　表9-9

编号	项　目	指标及参数
1	检测指标	路面构造深度 MPD 路面磨耗率 WR 左轮迹带路面构造深度 $MPD_{左}$ 车道中线路面构造深度 $MPD_{中}$ 右轮迹带路面构造深度 $MPD_{右}$
2	检测方法	高精度激光传感器
3	传感器数量	3个
4	传感器频率	≥33kHz/s

续上表

编号	项　　目	指标及参数
5	基准安装高度	400mm
6	测量范围	±140mm
7	传感器分辨率	0.05mm
8	激光防护级别	IP65 以上
9	检测位置	左右轮迹带和车道中线
10	纵向检测间距	1 ~2mm
11	挂载方式	近地挂载

七、路面空间几何状况检测

路面空间几何状况检测，是为了获得路面曲率、路面纵坡和路面横坡等路况指标。路面空间几何状况，通常采用集成三轴陀螺仪和三向加速度计的姿态位移测量装置测量载体的航向角、横滚角和俯仰角，并根据系统平台提供的距离信息和地理坐标信息，计算路面空间几何状况各项指标。表 9-10 为路面空间几何状况检测的参数配置，其中《公路路面技术状况自动化检测规程》(JTG/T E61)规定，惯性导航装置的路面纵坡和路面横坡的测量范围不小于 20%。

路面空间几何状况检测参数配置　　表 9-10

编号	项　　目	指标及参数
1	检测指标	路面曲率 CR 路面纵坡 GR 路面横坡 SP
2	检测方法	惯性导航装置
3	检测维度	6 向
4	陀螺仪数量	3 个
5	加速度计数量	3 个
6	检测精度(航向角)	≤0.05°
7	检测精度(横滚角)	≤0.015°
8	检测精度(俯仰角)	≤0.015°
9	纵向检测间距	≤0.5m
10	挂载方式	高位固定、载体顶端

八、路面空间资产状况检测

路面空间资产状况，可采用路面前方图像和3D激光测量雷达 LiDAR 两种方法检测。为了获得足够的路面前方视野，两种检测方法都需要采用高位支撑方式。

表9-11为基于图像技术的路面空间资产状况检测单元的参数配置。其中，GB/T 26764标准规定，路面前方图像的检测频率为100f/km（纵向间距10m），实际检测时，也可采用5m的倍数作为路面前方图像的纵向检测间距。

路面空间资产状况检测参数配置 表9-11

编号	项　　目	指标及参数
1	检测指标	资产类别TA 资产位置PA 资产尺寸SA 资产技术状况CA
2	检测方法	面阵相机（Progressive Scanning）
3	相机分辨率	≥1600×1200像素
4	纵向检测间距	5～10m
5	挂载方式	高位固定，载体前端

路面前方图像或路面侧向图像，一般采用面阵或面扫工业相机采集，工业相机的特点是分辨率高、可精确定位，采集时间、采集频率和图像质量均可根据需要通过参数设置调整优化。工业相机采集的原始数据为黑白图像时，在应用之前需要通过贝尔滤波将其转换为彩色图像。

第四节　平 台 软 件

平台软件，如图9-6所示，由各类路况检测单元的模块化采集软件和系统的主控软件两部分组成，主要作用是路况检测过程的自动控制。

主控软件的主要作用是，通过距离和位置信息，实现所有路况检测单元模块化采集软件的协同工作和自动控制；基于历史数据和检测指标的逻辑关系，智能分析各类检测数据的逻辑和合理性；实时显示所有路况检测单元采集软件的检测信息及工作状态。

各类细分路况检测单元模块化采集软件的主要作用是，接收系统主控软件的指令，承担相应的路况检测任务，反馈主控软件要求的主要指标检测信息。

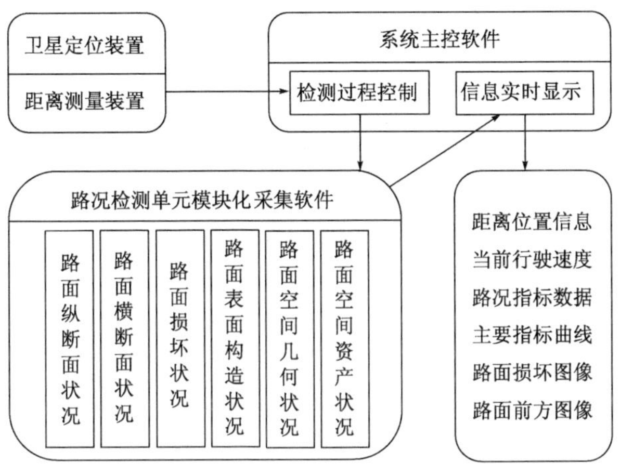

图9-6　平台软件的技术架构

主控软件和各路况检测单元模块化采集软件的架构方式，可根据路况检测实际需要，在不改变系统主控软件总体技术架构的前提下，通过路况检测单元采集软件的模块化增减配置和主控软件的参数调整，实现采集软件的快速匹配，以便快速满足干线公路、农村公路、城市道路和机场道面等不同层次不同任务的检测要求。

一、模块化采集软件

各类细分路况检测单元模块化采集软件的主要功能，包括传感器参数设置、测量参数设置（频率选择等）、检测路线指令接收和存储数据选择。模块化采集软件，通过任务服务器，完成任务接收、信号触发、路况检测、信息回传和数据存储等各项检测工作。

图9-7为路面纵断面状况检测单元的模块化采集软件的应用示例（路况快速检测系统CiCS），主要功能包括路面纵断面状况采集控制、路面纵断面高程和路面平整度指标的计算与实时显示。

为了提升模块化采集软件的升级效率和通用性，所有细分路况检测单元均可采用通用接口设计方法。例如根据路面损坏检测的技术需求，将2D路面图像采集装置（线扫相机）或3D路面激光测量装置抽象为模块和接口，通过功能和接口的分离及面向对象OMT（Object Modeling Technique）的软件设计，形成适用于不同路面损坏测量装置的模块化通用采集软件[65]。

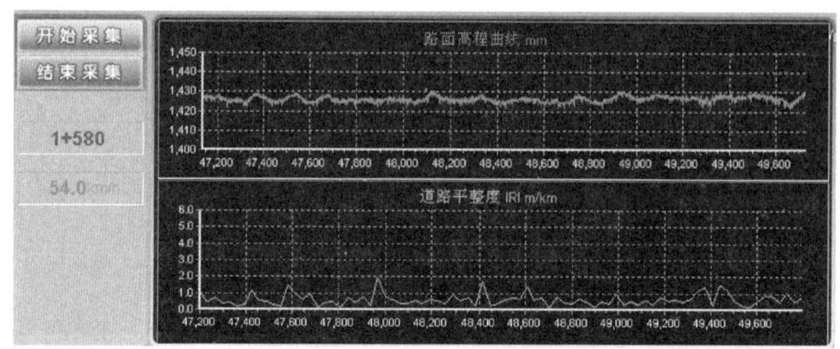

图 9-7　路面纵断面状况检测单元的模块化采集软件

二、系统主控软件

主控软件，通过控制服务器及任务服务器，完成向各细分类路况检测单元的任务分配和过程控制，通过通信协议及信息裁剪实时显示各类路况指标的数据流状态，监控各路况检测单元采集软件的运行状况。主控软件的主要功能包括：

(1)通信参数配置：通信协议、《公路数据库》地址配置。

(2)参照系统下载：从《公路数据库》中选择必要的路况检测引导信息，形成参照系统。主要引导信息，包括检测省市、检测范围、路线编码、路线名称、起点桩号、终点桩号、路线长度、路面宽度、路面类型和往年主要检测指标(IRI、RD、PB 等)。

(3)检测指标选择：路面平整度等 28 项路况指标的检测选择。

(4)检测参数设置：各项检测指标的检测间距、分辨率等参数设置。

(5)检测路线选择：选择检测路线，设置检测起点等参数。

(6)导航参数设置：地图导航模式启用选择和参数设置。

(7)智能分析选项：设置指标逻辑库、历年路况数据(IRI、RD 等)。

(8)显示指标设置：IRI、RD、PB 等实时显示指标选择。

(9)存储信息设置：路面状况各类信息的存储设置。

(10)系统工作日志：省市、检测单位、检测工程师、使用年限、年度检测里程、累积检测里程、易损部件维修时间提示、软件升级信息等。

图 9-8 为路况快速检测系统 CiCS 的主控软件，分 9 个功能区域，包括文件区、工具区、控制区、路况检测单元状态指示区、桩号和速度显示区、数据流状态区(指标曲线)、地理坐标和路面几何状况指标区、路面图像区和路面前方图像区。图 9-9 为满足英国 SCANNER 国家公路网路况评定标准的路况快速检测系统 CiCS Ⅱ 的主控软件[47]，SCANNER 要求检测 39 项路况指标和参数。

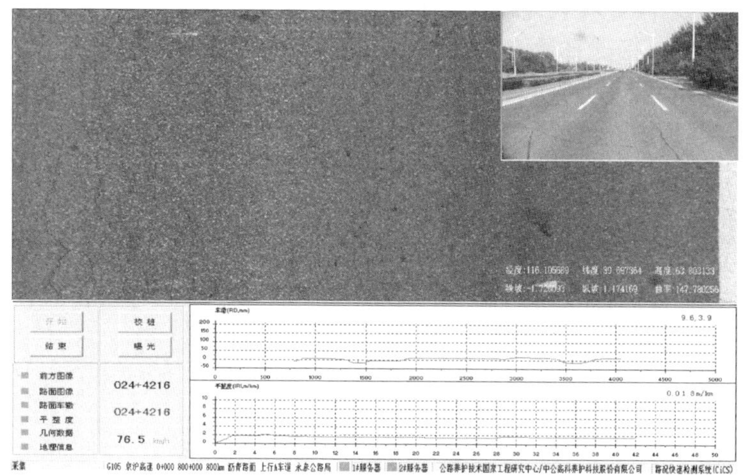

图9-8 CiCS 主控软件(HHCM 标准)

图9-9 CiCS Ⅱ主控软件(SCANNER 标准)

第五节 本章小结

路况自动化检测,依赖于成熟的自动化检测技术、稳定可靠的系统平台和智能化的平台软件,三部分的技术集成,形成了具有多功能全断面路况快速检测能力的路况自动化检测系统。路况自动化检测系统的技术水平和技术性能取决于多种因素,包括各类细分路况检测单元的测量精度、信号测量控制技术、检测数据智能处理技术、平台软件的智能化程度和系统的总体集成水平。

本章分析了路况自动化检测系统的技术架构,在此架构基础上,通过模块化组合能够形成功能不同、从复杂到简单、从全断面多功能到单一指标单一功能的各类路况自动化检测系统,以便迅速满足干线公路、农村公路、城市道路和机场道面的定期检测及日常养护巡查等不同层次不同任务的路况自动化检测技术需求。

第十章　路况数据分析处理与集成

大规模路况检测，需要成熟可靠的路况自动化检测系统，也需要科学有效的质量管理方法、数据处理技术和可视化的数据集成技术。

本章结合路况快速检测系统 CiCS 的工程化应用经验，研究分析了路况自动化检测质量管控、数据处理、路况分析和路况数据在空间与时间序列上的可视化集成及其主要的支撑技术。主要内容包括：

(1)质量管控；

(2)数据处理；

(3)路况分析；

(4)数据集成。

第一节　质量管控

国家、行业、协会和企业发布的各类路况自动化检测、评定和分析标准及基于信息技术编制的路况自动化检测质量管控指南，组成了路况自动化检测质量管理的基本标准体系。其中，基于信息技术的路况检测质量管控方法，源于大规模公路网路况自动化检测的质量管理需求，其核心是信息技术、通信技术、定位技术与路况检测技术的软件集成。

根据上述标准体系及主要技术开发的路况自动化检测质量管控软件，主要作用是，①实时掌握路况自动化检测系统的工作状态，包括检测系统编号、检测人员、工作时长、检测里程和行驶距离等基本信息；②监测各检测系统的检测区域（省区、市、县）、检测路线、检测位置、检测方向、检测速度、检测轨迹和主要路况指标的数据状况；③通过预设阈值比较、历史数据匹配、路况指标间的逻辑分析，为各检测系统提供超速、轨迹偏移、无效数据等异常检测和异常数据的实时预警。

图 10-1 为国家干线公路网路况检测监控系统[66]，用于同时监控多个路况自动化检测系统的工作状态，主要功能包括检测系统的动态监控、轨迹分析和自动预警，通过远程监控确保路况检测数据准确可靠。

1. 动态监控

通过动态监控，在地图上（图 10-2）实时标注路况自动化检测系统从现场自动发送来的动态信息，包括所在省市、检测路线、当前桩号、海拔高度、经度、纬度、检测速度和检测时间。

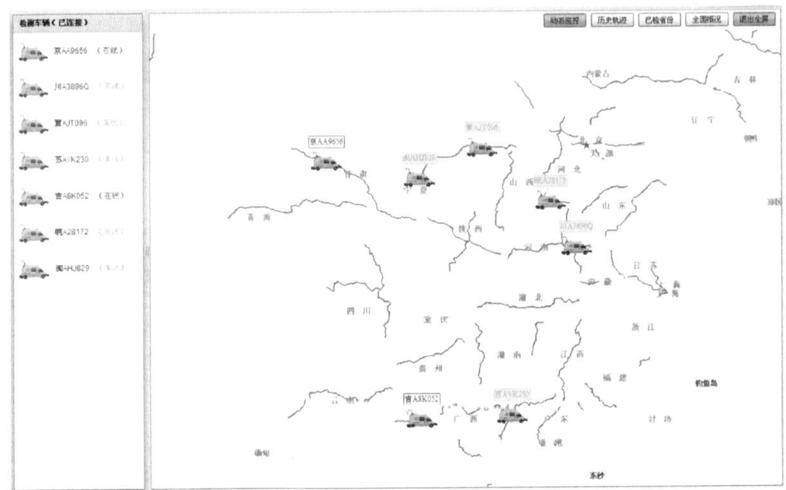

图 10-1　国家干线公路网路况检测监控系统

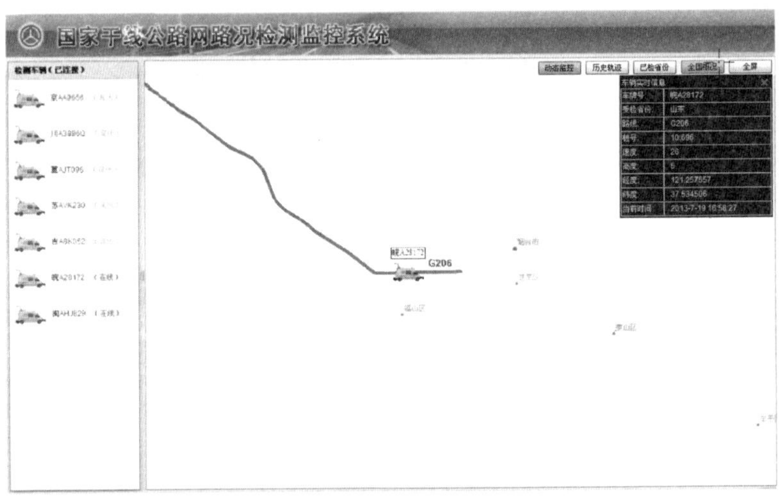

图 10-2　路况检测动态监控

2. 轨迹分析

通过轨迹分析，在地图上（图 10-3）标注一个或多个路况自动化检测系统，在任一时段的行驶轨迹和检测计划，包括计划检测的路线和已完成检测的路线；分析任务完成情况及任务实施过程中的偏移错位；查询检测路线的检测时间及检测人员;分析指定时段的检测路线、数据数量、检测里程、有效检测里程和总检测里程。

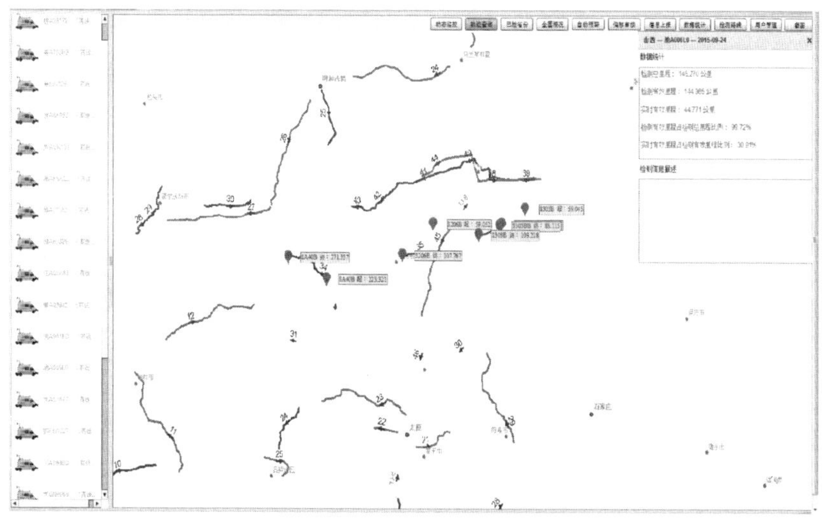

图 10-3　路况检测轨迹分析

3. 自动预警

在路况自动化检测过程中,当检测指标超越阈值或行驶轨迹发生偏移时,如图 10-4 所示,监控系统会实时向现场的路况自动化检测系统发送预警信息和相关的处置措施。

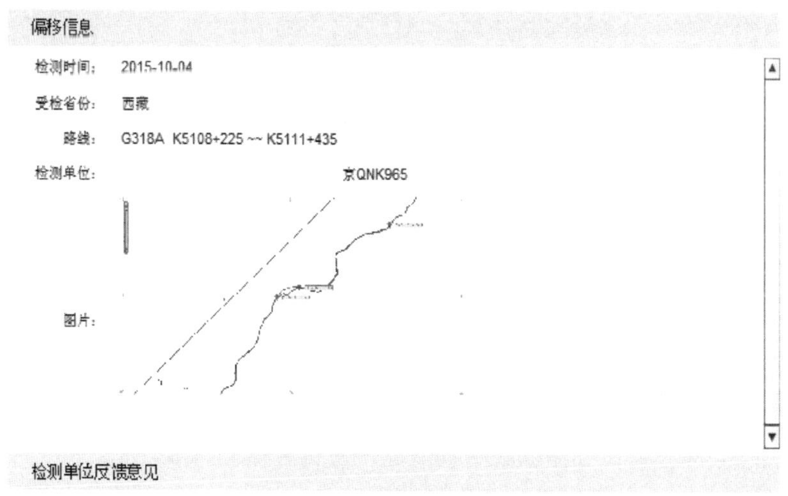

图 10-4　轨迹偏移自动预警

第二节 数据处理

在路况自动化检测过程中,可能会遇到超速行驶、低速行驶、借道超车、桩号错位、路面积水、量程超限等各种因素影响路况检测的准确性,并由此产生各类异常的检测数据。路况数据处理的目的,就是通过科学的质量管理方法和一系列的过程控制,发现并处理异常问题,获得准确的路况检测数据。

国外公路网发达国家采用的路况自动化检测质量管理方法,通常包括数据处理(Data Processing)、数据核实(Data Verification)和数据核准(Data Validation)三个主要过程[50]。

我国在国省干线公路年度路况检测过程中,引进了基于信息技术的路况检测管控方法,将传统意义上数据处理和数据核实的部分内容前移到路况检测阶段,后期路况数据处理的主要内容只包含技术上的数据处理和数据核准两个过程。

技术上的数据处理如图10-5所示,包含两部分主要内容:①基于2D路面图像或3D路面灰度图的路面损坏自动识别(CiAS、aCRACK)和基于路面前方图像的路面空间资产特征自动识别(AARS);②各类原始检测数据的完整性分析,这一部分工作主要由RDPS(Raw Data Processing System)依据标准规定或经验阈值自动完成。

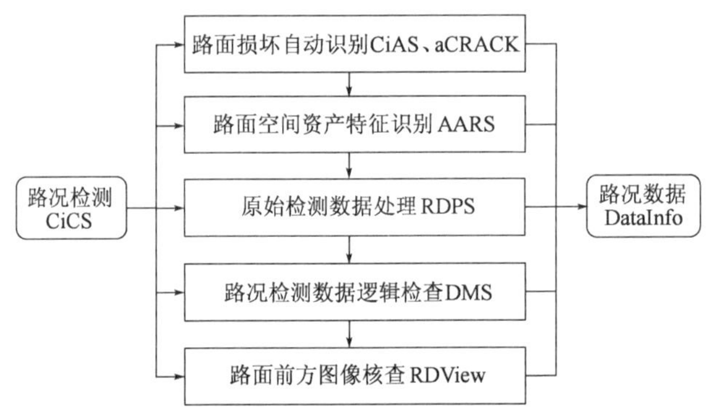

图10-5 路况数据处理过程

技术上的数据核准,包括路况检测数据的逻辑检查和数据核查两部分内容:①通过路况检测数据逻辑检查软件(DMS)进行逻辑性检查,自动分析检测数据与历史路况数据变化趋势的匹配程度;②利用路面前方图像(RDView),核查分析借道超车、桩号错位和路面积水等情况下检测数据的有效性。

在完成技术上的数据处理和数据核准工作后,利用核准后的路况数据,生成标准要求的10m、100m和1000m检测及评定单元路况数据，计算各项路况指标。

一、原始数据处理

原始检测数据，为各类细分路况的物理属性数据，包括断面类数据(路面纵断面状况和路面横断面状况)、表面类数据(路面表面损坏状况和路面表面构造状况)和空间类数据(路面空间几何状况和路面空间资产状况)。上述各类原始检测数据，需要通过软件自动完成各类原始检测数据的完整性和阈值分析。

路况快速检测系统CiCS，采用了RDPS(Raw Data Processing System)原始数据处理软件[67]处理各类原始检测数据。RDPS原始数据处理软件的主要功能包括：①按照检测指标与检测里程一致性原则，分析原始检测数据的完整性，提取各项路况指标均完整的检测路线或路段，核准有效的检测里程；②依据规定的标准和阈值，如表10-1所示，分析发现原始检测数据中的异常数据，按照规定的处理规则，自动剔除或修复异常检测数据。

原始检测数据处理阈值(部分指标)　　表10-1

数据类型	指标及参数	最小值	最大值
长度与速度	路线长度(m)	0	5000000
	检测速度(km/h)	0	100
路面纵断面状况	路面纵断面高程	-9999	9999
	路面平整度IRI(m/km)	0	12
	检测速度(km/h)	10	100
	采样间距(mm)	1	10
路面横断面状况	路面横断面高程	-9999	9999
	路面车辙深度RD(mm)	0	200
	采样间距(mm)	1	200
路面损坏状况	路面裂缝数量	0	99999
	单个裂缝长度(m)	0	9.999
路面表面构造状况	路面构造断面高程	-9999	9999
	路面构造深度MPD	0	2
	采样间距(mm)	1	2
路面空间几何状况	路面纵坡GR(%)	-20	20
	路面横坡SP(%)	-20	20
	路面曲率CR	1/5000	1/10
	采样间距(mm)	10	500

表10-1所列主要路况指标及参数的阈值为经验统计值,例如,路面平整度的阈值IRI=12m/km源于公路网路面平整度检测数据累计分布。表中的路况指标及参数的阈值,如最大路面构造深度MPD等,均可根据路况数据处理的实际需求调整。

通过原始检测数据的完整性分析、阈值分析及异常数据处理,RDPS软件将自动生成一系列的数据文件并计算相应的路况指标。主要文件包括:

(1)位置文件(Location Data);

(2)路面纵断面文件(Longitudinal Profile Data);

(3)路面横断面文件(Transverse Profile Data);

(4)路面表面损坏文件(Cracking Data);

(5)路面表面构造文件(Texture Data);

(6)路面空间几何数据文件(Geometric Data);

(7)路面空间资产数据文件(Asset Data);

(8)路况指标文件(Index Data)。

其中,路面表面损坏文件(Cracking Data)和路面空间资产状况文件(Asset Data),分别由路面损坏识别系统CiAS或路面损坏智能识别系统aCRACK和路面空间资产特征识别系统AARS自动生成。

二、数据核准

数据核准,包括逻辑检查和数据核查。

1.逻辑检查

路况检测数据的逻辑检查通常由软件完成,可在路况检测阶段实施,也可以在原始数据处理后实施。前者的好处是一旦发现逻辑问题,便于现场快速复核,必要时也可以重新检测。

路况快速检测系统CiCS的路况数据逻辑检查,借助于路况检测质量监控系统DMS[68]软件完成。DMS的主要作用是,从公路数据库中提取n年的历史路况数据,分析路面平整度IRI、路面破损DR和路面车辙RD等各项路况指标的时间序列变化趋势,并与检测的路况数据进行逐一匹配比较。正常的路况检测数据,如图10-6所示,应呈现同步逐年增加或降低的趋势,各检测单元的指标增幅应该基本均匀一致。多种因素也可能导致检测数据异常变化,如路面的灌缝修补、预防性养护及大中修养护等,路面养护将提升路面平整度、修复路面裂缝、降低路面车辙深度,这种情况下的路况指标快速提升是合理并且检测数据是有效的,否则检测数据应标注为逻辑错误。特殊情况下,重载交通的大量转移和路面失养，也可能导致检测数据的异常变化，路况指标数值大幅下降。

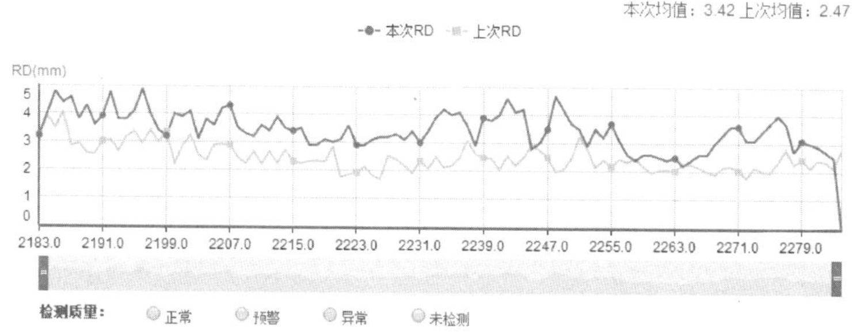

图 10-6　路况数据逻辑检查

2. 数据核查

检测数据核查，是路况数据入库前的最后一个质量控制过程。数据核查需要借助于软件系统，基于采集的路面前方图像，分析数据处理和逻辑检查过程中无法自动分析的影响因素，如借道超车、桩号错位、路面积水等；同时关注主要特征数据，如路面跳车、路面空间资产及各类严重损坏的真实性。其中，环境因素，如气温、海拔高度等对检测数据的影响程度，需要结合路况现场检测日志核查分析。

路况快速检测系统 CiCS 的检测数据核查，如图 10-7 所示，采用的是路面前方图像管理系统 RDView[69]。RDView 能够通过里程桩号或卫星定位，将路面前方图像与各类路况检测数据，以标准规定的 10m 检测单元为基准进行相互关联。

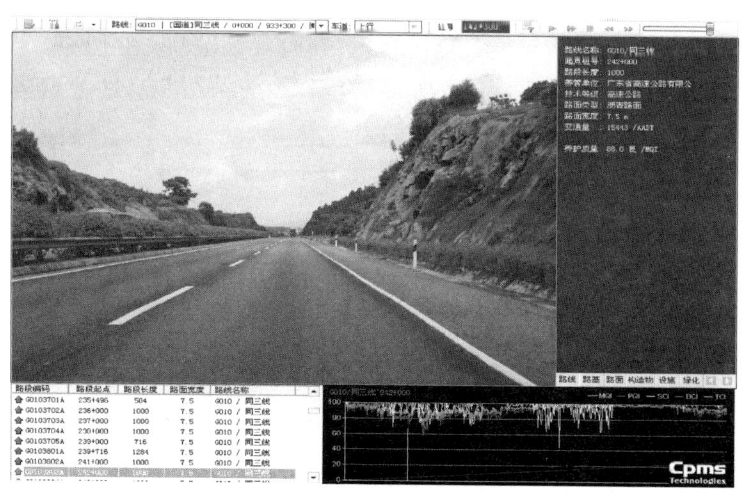

图 10-7　路面前方图像管理系统 RDView

利用 RDView,可全面分析所有路况指标数值大幅变化的主要原因。例如,通过图 10-8 所示的路面前方图像,会发现路面前方图像中存在两个连续的桥梁接缝,下边路况指标曲线的突然变化,应该是上述桥梁接缝引起的两个连续的路面跳车。

图 10-8　路面跳车状况核查

三、数据入库(云存储)

在完成技术上的数据处理和数据核准工作之后,通过公路(全资产)数据库 DataInfo 的设备数据导入功能(图 10-9),自动导入 CiAS 或 aCRACK、AARS 和 RDPS 生成的各 10m 检测单元的路况数据,同时计算 100m 和 1000m 评定单元的各项路况指标,完成路况检测数据入库工作。DataInfo 为传统公路数据库[70]的云数据管理系统[71],用于存储包括路况数据在内的公路全资产数据。

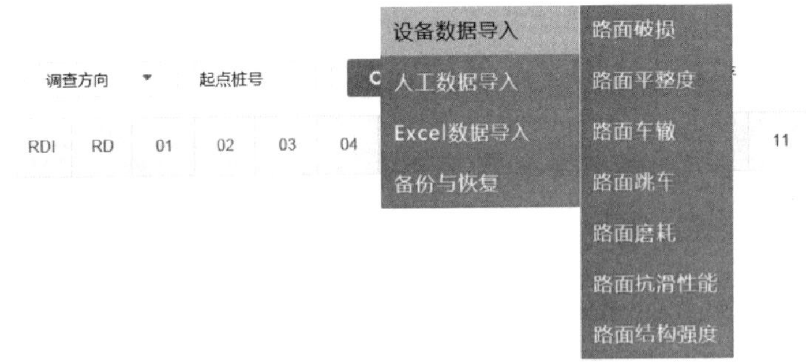

图 10-9　路况数据云存储

表 10-2 为 2019 年度全国主要省市干线公路路况检测数据汇总(CiCS 检测数据)。其中,CiCS 年度检测总里程为 42 万公里(含部分双向检测),路面图像 2.1 亿幅,断面类原始检测数据为 4600 亿组,各类 10m 检测单元路况数据为 4200 万组。

路况数据汇总　　表 10-2

编　号	数据类别	数据量
1	年度路况检测里程	42 万公里
2	断面类原始路况检测数据	4600 亿组
3	路面图像	2.1 亿幅
4	路面前方图像	>2100 万幅
5	IRI、$ELPV_3$、DR、RD、MPD、WR 等	4200 万组

第三节　路况分析

与传统信息系统相比,云存储与云计算的突出特点是高效便捷,任意时刻、任意地点,只要有网络信号,就可以通过各类云应用系统,完成各项公路养护管理工作,包括路况检测监控、数据存储、数据管理、路况评定、养护决策、养护计划、工程管理、日常养护和应急处置等。

大规模路况检测形成的大量路况数据,是路况分析和养护决策的基础。通过路况分析和养护决策,公路管理机构和高速公路经营企业,能够准确掌握公路网的技术状况、了解公路网的养护需求、把控公路网的养护投资战略,实现公路资产的科学管理和设施的高质量养护。

按照《公路技术状况评定标准》(JTG 5210)和《路面管理系统技术要求》(GB/T 32233)规定的路况分析内容,路况分析可分解为既独立又关联的两部分技术内容——公路技术状况评定和路面养护分析决策(图 10-10)。

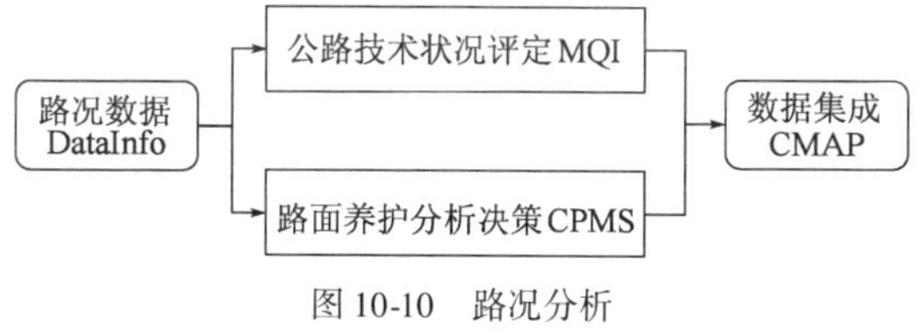

图 10-10　路况分析

一、路况评定

公路技术状况评定的目的是,利用自动化检测的路况数据,依据规定的评价方法和模型参数，计算检测路线各评定单元的公路技术状况指标，确定公路技术状况等级。公路技术状况指标计算及等级评定，取决于路基技术状况、路面技术状况、桥隧构造物技术状况和沿线设施技术状况，其中路面技术状况占有70%的比重[19]。

路面技术状况通过路面技术状况指数PQI评定。PQI是路面损坏状况指数PCI、路面行驶质量指数RQI、路面车辙深度指数RDI、路面跳车指数PBI、路面磨耗指数PWI、路面抗滑性能指数SRI和路面结构强度指数PSSI的函数。如图10-11所示，上述各项路况指标的计算，依赖于路面损坏率、路面平整度、路面车辙深度、路面跳车、路面磨耗率、横向力系数和路面弯沉7项路况数据。

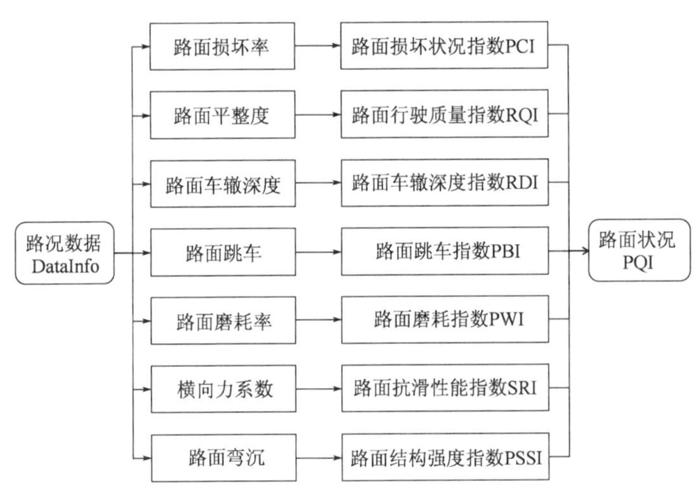

图10-11　路面技术状况评定

在上述路况指标中，路面抗滑性能和路面磨耗为二选一的路况指标；路面结构强度为抽检指标，评定结果不纳入路面技术状况指数PQI。

路面技术状况的各项指标，通过路况评定系统MQI[72]自动计算。路况评定系统MQI，如图10-12所示为云应用系统，主要功能包括区域公路网路线属性管理、各类路况自动检测数据导入、路况数据存储、各项路况指标计算和公路技术等级评定。

路面技术状况评定结果，如表10-3所示，包含行政区域、路线名称、技术等级、路面类型、里程桩号、路段长度、各项技术指标（PCI、RQI、RDI、PBI、PWI、PQI）及评定等级等信息。

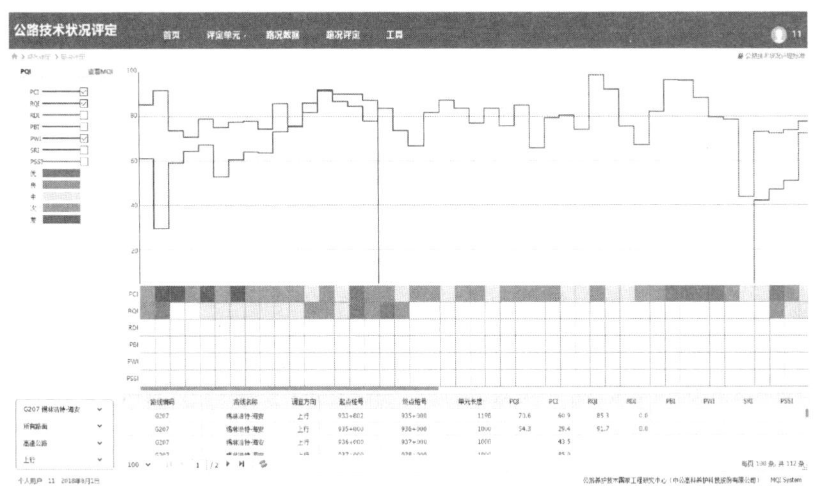

图 10-12　路况评定系统(MQI 云系统)

路面技术状况评定结果　　　　表 10-3

政区(省市):　　　　技术等级:　　　　路面类型:

路线名称	起点桩号	路段长度	评定等级	PQI	PQI 分项技术指标				
					PCI	RQI	RDI	PBI	PWI

二、养护决策

路面养护分析决策的主要目的是,在路况评定基础上,基于检测的路况数据和调查的路线属性、路面结构、交通流量等其他数据,分析路面养护的技术需求和资金需求;基于全寿命周期费用分析,确定最佳的路面养护措施和养护投资方案;编制与路况水平和投资能力相适应的路面养护规划和年度养护计划。

《路面管理系统技术要求》(GB/T 32233)规定,路面养护分析决策需要至少包括如下 6 类技术内容:

(1)路面长期使用性能预测——根据当前的路面技术状况,以 20 ~ 30 年为寿命周期,预测寿命周期内路面的长期使用性能或各年度的路面技术状况。

(2)路面养护需求分析——根据预测的各年度路面技术状况,基于各项路况指标的路面大中修及预防性养护处治标准,分析需要养护的路段、养护措施、养护时间和养护费用,确定各年度公路网路面养护的工程需求和资金需求。

(3)全寿命周期费用分析——根据不同的路面养护措施、交通流量、交通组成、各年度的路面技术状况,预测寿命周期内各年度的路面大中修养护费用、预防性养护费用、日常养护费用、车辆运营费用、时间费用、事故费用、其他费用和剩余价值,计算全寿命周期费用 LCC。

(4)路面养护投资效益分析——根据预测的寿命周期内各年度路面技术状况和全寿命周期费用 LCC,利用经济内部收益率 EIRR 和效益费用比 BCR 等经济指标,评价路面养护投资的经济可行性,分析路面养护投资的效益和效果,确定最佳的路面养护长期投资方案[25]。

(5)路面养护预算分析——根据预测的路面技术状况、路面养护需求、全寿命周期费用和路面养护投资效益,分析公路网各年度路面技术状况达到一定水平需要的最低养护预算。

(6)路面养护资金优化分配——在养护资金不足的情况下,以公路网路面养护投资效益整体最大为目标,基于全寿命周期养护与费用分析,优化养护资金分配方案,使有限的养护资金得到最有效益和效果的应用。

路面养护分析决策的主要工具是路面管理系统,云平台上的干线公路路面管理系统 CPMS 为标准配置的路面管理系统,用于公路管理机构或高速公路经营企业常规的路面养护分析与决策,如路面养护需求分析(图 10-13)和全寿命周期费用分析(图 10-14)。更深层的长期养护分析与战略投资决策,需要借助于更专业的管理系统,如公路全资产管理系统 CRMS(China Road Asset Management System)[73]。

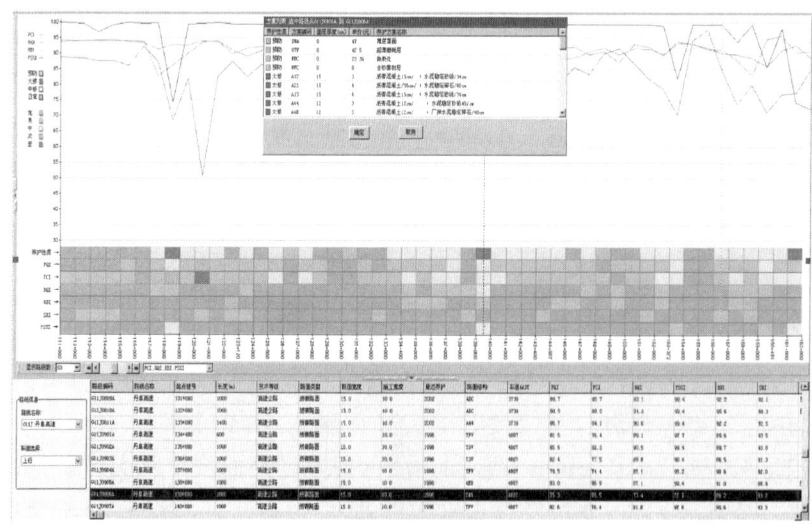

图 10-13　CPMS 路面养护需求分析

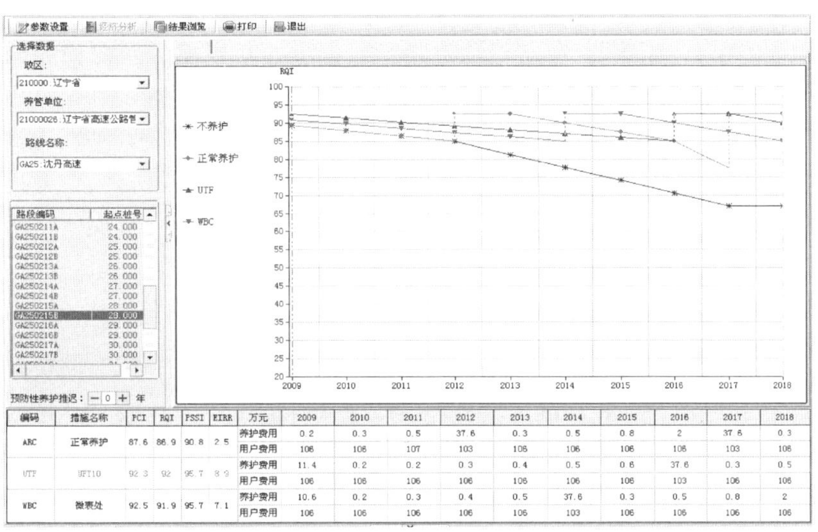

图 10-14　CPMS 全寿命周期费用分析

干线公路路面管理系统 CPMS 的养护分析决策结果，如表 10-4 所示，通常包括行政区域、路线名称、技术等级、路面类型、里程桩号、单元长度、各项技术指标（PCI、RQI、RDI、PBI、PWI、PQI）、交通量、养护方案（养护时间、养护措施、养护费用）、全寿命周期费用 LCC 及经济评价指标 EIRR 等主要信息。

路面养护分析与决策结果　　　　表 10-4

政区（省市）：　　　　技术等级：　　　　路面类型：

路线名称	起点桩号	单元长度	技术指标		养护方案			经济指标	
			PQI …	AADT	时间	措施	费用	LCC	EIRR

第四节　数 据 集 成

路况数据只是公路全资产数据体系中的一小部分内容，公路全资产数据包含了公路的属性、历史、结构、交通、路况、环境和经济等十几类几百项数据。

利用多年大规模路况自动化检测积累的大量路况数据，通过与其他公路资产数据的关联集成，可帮助公路管理机构了解所属公路网的各类路面结构、养护措施、交通流量、交通组成、养护投资和气候条件等因素对路面技术状况各项路况指标的影响，发现公路技术状况的变化规律、养护措施的使用周期和性能优越的路面结构和养护措施。存在于历史路况数据中的新规律和新知识的探索挖掘，也有助于提升各类公路养护技术标准和技术政策的针对性和科学性。

路况数据的集成，需要在大数据、云存储和云计算等大技术环境下，基于数字地图、公路图像和卫星定位等各类成熟技术，以一套基础数据、一个可视化平台、多层应用为总的集成原则，结合公路养护管理的技术特点，实现公路网全资产各类静态与动态、点与线、线与面、空间与时间等数据的可视化集成。

一、公路全资产可视化数据平台

所有公路资产，均具有唯一不变的坐标属性。基于这一特点，公路资产的所有数据，包括路基、路面、桥隧构造物和沿线设施等的基础属性、养护历史、技术现状、未来需求和其他的相关数据，都可通过地理坐标及与之相关的里程桩号建立联系，实现公路全资产的数据集成和有序存储、形成公路全资产数据库。

公路全资产数据的应用，需要架构科学的可视化数据平台，通过可视化数据平台完成各类应用的数据调用、数据关联和数据分析。公路全资产可视化数据平台，如图 10-15 所示，需要包含如下的数据及信息：

(1)里程桩号及位置信息；

(2)路基、路面、桥隧构造物和沿线设施等各类资产的属性数据；

(3)时间序列路况指标数据；

(4)路面前方图像；

(5)路基、路面、桥隧构造物及沿线设施图像；

(6)公路地图及各类路况指标沿线分布；

(7)各类路况指标的等级分布；

(8)各类路况指标的 10m 评定单元数据及分布；

(9)各类公路资产的养护需求和养护措施的空间分布。

公路全资产可视化数据平台的主要作用是数据集成，主要特点是：

(1)全数据——集成了公路全资产数据；

(2)可视化——包含了公路地图、路面前方图像、路面图像、桥隧图像和设施图像等各类图像信息；

(3)关联性——里程桩号与所有数据，所有数据与公路地图、路面前方图像、路面图像、指标分布和养护措施自动联动；

(4)多功能——提供了各类常用的分析功能；

(5)通用性——为各类应用系统，提供了通用数据接口。

图 10-15　公路全资产可视化数据平台

二、公路养护可视化分析平台

公路养护可视化分析平台 CMAP(China highway Maintenance Analysis Platform)[74],为公路全资产可视化数据平台的扩展应用,主要功能及应用包括,公路养护分析、路面长期使用性能分析和人工智能技术研究。

CMAP 为覆盖全国主要国省干线及高速公路的可视化分析平台,存储了 3200 条路线的几百类数据项目,包括路面图像、路面前方图像和各类路况数据。

基于公路全资产数据库、公路技术状况评定结果和路面管理系统的分析决策数据,通过可视化图文数据关联,如图 10-16 所示,CMAP 能以可视化方式(地图、图像、方格、曲线)关联展示整个公路网、区域公路网或指定路线的属性数据、路况数据、评定等级、决策结果、养护方案和养护计划等各类公路信息及指标分布。

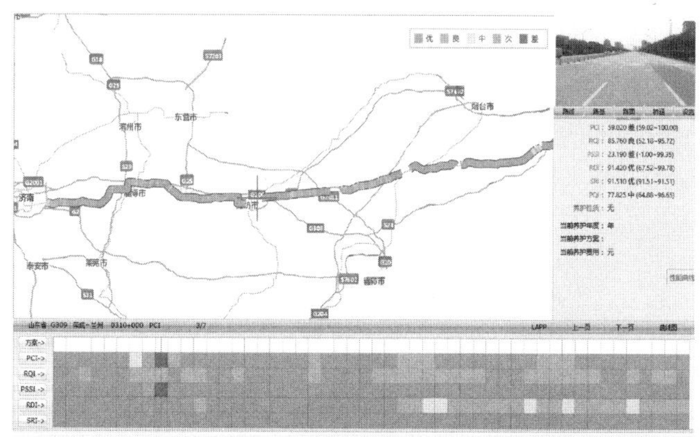

图 10-16　公路养护可视化分析平台 CMAP

图10-17为移动端的公路养护可视化分析平台 $\text{CMAP}_{\text{iROAD}}$[75]，除了不具有时间序列数据和路面图像外，$\text{CMAP}_{\text{iROAD}}$ 与PC端的公路养护可视化分析平台CMAP具有基本相同的功能和作用。

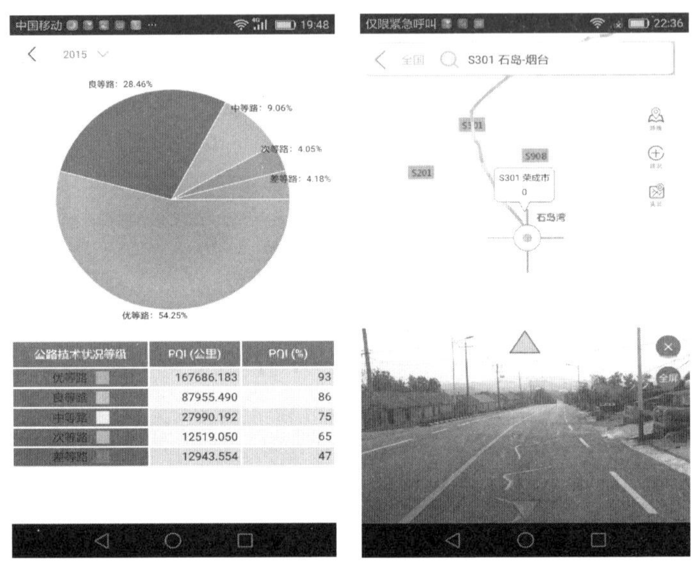

图10-17　移动端的公路养护可视化分析平台 $\text{CMAP}_{\text{iROAD}}$

第五节　本章小结

互联网、云计算、机器识别、人工智能和可视化信息技术，为路况自动化检测质量管理、数据处理和路况数据在空间与时间序列上的可视化集成，提供了工程化开发的技术环境。基于上述技术，本章讨论分析了路况自动化检测的质量管控、数据处理、数据分析与数据集成的技术需求，总结提炼了路况自动化检测数据处理与数据集成的主要内容与技术架构。

第十一章　工程化验证与认证

路况自动化检测系统,在工程化应用之前需要通过一系列的工程化验证(Engineering Validation)检验各项技术指标是否达到设计要求、各细分路况检测单元的技术性能是否满足极限检测需求,在具备了工程化应用条件之后,还应实施系统的工程技术认证(Accreditation)。

本章结合路况快速检测系统 CiCS 工程化验证与国际认证经验,探讨了路况自动化检测系统工程化验证的主要内容和验证方法,分析了 SCANNER 国际认证的主要过程和认证标准。主要内容包括:

(1)工程化验证;

(2)国际认证。

第一节　工程化验证

工程化验证的目的是检验路况自动化检测系统的准确性、稳定性、操控性和可靠性。工程化验证,一般包括顺序相连的三个验证过程——实验验证、场地验证和公路验证,只有通过实验验证之后才能实施后续的场地验证及公路验证。

一、实验验证

根据路况自动化检测系统的技术架构,基于实验室的工程化验证(简称,实验验证)可分为系统平台、路况检测单元和平台软件三部分验证内容。其中,系统平台实验验证关注的重点是可靠性、稳定性和操控性,各类路况检测单元实验验证则注重准确性和重复性(稳定性)。

表 11-1 列出了路况自动化检测系统的主要验证内容和验证方法[76]。主要验证方法包括,用于系统平台整体性能验证的可编程四柱独立举升实验台架;用于系统平台设备总成性能验证的震动频率、冲击荷载、温度、湿度及电磁等发生仪器;用于各类细分路况检测单元验证的实验模拟仪器;用于平台软件验证的样本数据库和验证分析软件。

实验验证的主要内容和方法　　表 11-1

类　　别	验 证 项 目	验 证 方 法
系统平台	系统平台的整体性能	可编程四柱独立举升实验台架
	系统平台的设备总成	震动、温度、湿度、电磁发生仪器
路况检测单元	路面纵断面	路面高程及震幅模拟实验仪器
	路面横断面	变高程 Y/X 向摆式路面模拟设备
	路面损坏	移动宽幅路面裂缝模拟实验设备
	路面表面构造	路面高程及震幅模拟实验仪器
	路面空间几何	空间姿态及三向位移实验仪器
	路面空间资产	漫射强光干扰装置
平台软件	采集软件	自动化检测验证软件
	主控软件	自动化检测验证软件
	路面损坏识别软件	路面损坏图像数据库及验证软件

1. 系统平台的性能验证

(1)整体性能验证

系统平台整体性能验证的目的是检验载体与高位设备支撑装置、照明设备支撑装置、近地设备悬挂装置和距离测量支撑装置等的匹配程度及极限工作状况。

系统平台的整体性能验证设备为可编程四柱独立举升实验台架，如图 11-1 所示，实验台架为三坐标自动控制，单柱最大承载能力 4t，最大液压升降高度 1000mm，最大倾斜度 15°。主要验证内容为，在不同的举升频率、举升幅度、倾斜角度、俯仰角度、行驶速度和不同加减速及其组合条件下，系统平台的极限检测条件、各类支撑装置的稳定性、各类细分路况检测单元的准确性。与之配套的实验台架控制软件，通过各类参数的配置，设定工程化验证条件，控制实验台架的实验状态。

(2)设备总成性能验证

设备总成验证的目的是测试系统平台上的电源系统、设备控制系统和服务器系统在各种条件下的使用性能。用于验证的主要仪器设备为震动、温度、湿度和电磁发生仪器，验证内容包括抗冲击、耐高低温、耐潮湿和抗电磁干扰等项目。

图 11-2 为程控温度和湿度验证设备，最高验证温度为 70℃，最大相对湿度为 90%。

图 11-1　可编程四柱独立举升实验台架

图 11-2　程控温度和湿度验证设备

2. 路况检测单元性能验证

路况检测单元实验验证的内容为路面纵断面状况、路面横断面状况、路面表面损坏状况、路面表面构造状况、路面空间几何状况和路面空间资产状况自动化检测的精度、准确性和重复性。

(1)路面纵断面状况检测

路面纵断面状况检测单元的验证方法是,通过设置不同倾斜姿态、不同纵向加速度、不同行驶速度、不同颠簸幅度和不同平整度,验证路面纵断面高程检测的准确性,确定路面纵断面状况自动化检测的有效工作条件。

路面纵断面状况检测单元的验证设备,如图 11-3 所示,为路面高程及震幅模拟实验仪器。路面高程及震幅模拟实验仪器,具有行驶速度、行驶距离、纵向位移、颠簸频率、路面波长、纵断面状况等模拟功能。

图 11-4 为路面高程及震幅模拟实验仪器的路面平整程度模拟装置。路面平整程度模拟装置能够模拟出不同的路面凹凸深度和凹凸间距,最大路面凹凸

模拟深度为5cm。通过已知的路面凹凸深度和凹凸间距,验证路面纵断面状况检测单元在不同条件下的纵断面检测的准确性。

图11-3 路面高程及震幅模拟实验仪器

图11-4 路面平整程度模拟装置

路面纵断面状况检测的准确性,通过IRI模拟结果与IRI标准数据的相关性(相关系数、偏差系数等)分析确定。

(2)路面表面构造状况检测

路面表面构造状况检测单元的验证指标是路面构造深度,验证方法为不同倾斜状态、不同加减速、不同速度、不同颠簸幅度及其组合条件下,路面构造深度检测的准确性及其极限检测条件。

图11-5 路面构造深度模拟装置

路面表面构造深度的验证设备与路面纵断面状况检测验证设备相同,不同的是路面构造深度验证采用的是路面表面构造模拟装置,如图11-5所示,路面表面构造模拟装置能够模拟不同的路面构造深度,最大模拟深度为2.0mm。通过已知路面表面构造深度,验证路面表面构造状况检测单元在不同条件下检测的准确性。图11-6为用于实时获取路面表面构造状况数据的验证软件。

(3)路面横断面状况检测

路面横断面状况检测单元实验验证,采用变高程*Y/X*向摆式路面模拟设备,通过不同弯道、不同高程、不同车辙、不同颠簸等各种条件的模拟,检验路面横断面状况检测单元的准确性。

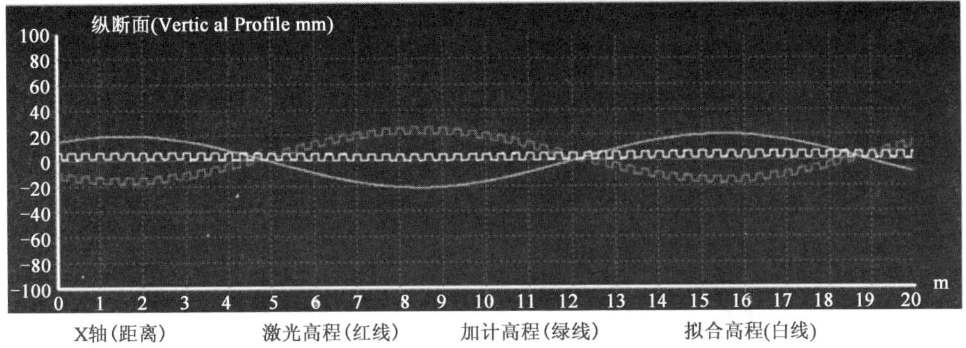

图 11-6　路面表面构造状况检测验证软件

图 11-7 为变高程 Y/X 向摆式路面模拟设备,其中路面车辙模拟装置为四面结构,分别代表不同车辙深度的路面横断面,用于路面车辙检测装置的静态实验、动态实验和设备标定。与之配套的实验验证软件,主要功能包括路面横断面实验数据自动获取、横断面轮廓自动生成、实验数据与标准数据的相关性分析。

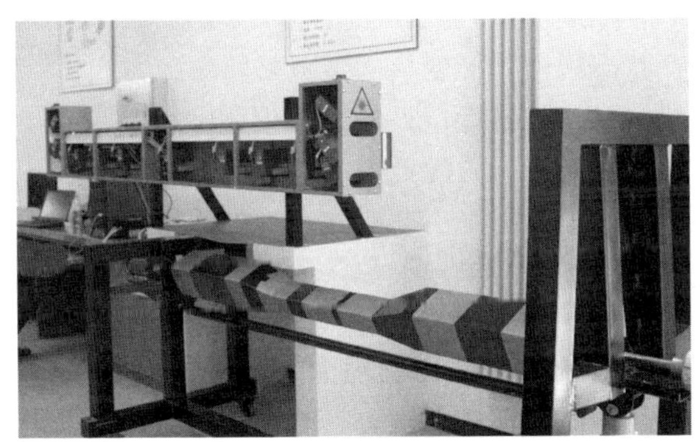

图 11-7　变高程 Y/X 向摆式路面模拟设备

(4)路面表面损坏状况检测

路面表面损坏状况检测单元实验验证,采用宽幅路面裂缝模拟实验设备。如图 11-8 所示,宽幅路面裂缝模拟实验设备由路面模拟装置、行驶速度控制装置、线扫相机或 3D 路面激光测量装置、相机位移模拟装置、可变照度与色温带状照明装置、外界强光干扰发生装置及实验验证软件组成。

利用宽幅路面裂缝模拟实验设备,通过设置不同宽度的路面裂缝、照度、色温、线扫相机或 3D 激光测量装置震动幅度和震动频率等试验条件,检验路面表面损坏状况检测单元的路面裂缝分辨能力和检测数据的准确性。

图 11-8 宽幅路面裂缝模拟实验设备

(5)其他路面状况检测

路面空间几何状况检测单元,通常与系统平台的整体性能验证结合,利用可编程四柱独立举升实验台架搭载的空间姿态(高精度三轴角位移传感器)及空间位移(高精度三向加速度计)实验仪器,检验路面空间几何状况检测单元的测量精度及准确性。

路面空间资产状况检测单元的核心装置是路面前方相机。路面前方相机验证,采用宽幅路面裂缝模拟实验设备、辅助漫射强光干扰装置,主要验证内容是强光干扰下的图像检测能力和图像处理能力。

3. 平台软件的性能验证

主控软件和各类路况检测单元采集软件的主要验证内容,包括软件功能、存储格式、存储速度、参数计算和各种极限条件下(最小速度、最大速度、最大颠簸、最大倾斜等)数据采集及系统控制性能。通常,主控软件和采集软件,与各类路况检测单元同步验证。

路面损坏自动识别系统的验证内容,包括路面裂缝识别宽度和路面损坏识别准确率,验证数据为经过标注的路面损坏样本图像数据库。如图 11-9 所示,路面损坏样本图像数据库包含了各种类型的路面损坏图像(沥青、水泥、裂缝、修补、侧光、阴影、污染、刻槽等),所有路面图像都经过严格的路面损坏标注和损坏分类。利用标注的路面损坏样本图像,通过所有样本的自动识别,验证路面损坏自动识别系统的识别准确率。图 11-10 为路面损坏自动识别系统验证软件,通过比较各类软件的自动识别结果与样本图像的差异,分析路面裂缝宽度的识别能力,评价各类路面损坏自动识别系统的技术性能。

路面类型 统计信息

路面类型	数量
沥青	5817
水泥	1136
水泥刻槽	631

沥青路面统计信息

路面类型	数据特征	数量
沥青	标线	716
沥青	侧光	1364
沥青	光照不均	402
沥青	接缝	793
沥青	污染	476
沥青	无特征	2686
沥青	阴影	365
沥青	裂缝	4190
沥青	无破损	1147
沥青	修补	1174

水泥路面统计信息

路面类型	数据特征	数量
水泥	标线	100
水泥	光照不均	118
水泥	无特征	116
水泥	裂缝	282
水泥	破碎板	387
水泥	无破损	172
水泥	修补	245

水泥路刻槽面统计信息

路面类型	数据特征	数量
水泥刻槽	标线	108
水泥刻槽	光照不均	188
水泥刻槽	污染	204
水泥刻槽	无特征	219
水泥刻槽	裂缝	122
水泥刻槽	无破损	212
水泥刻槽	修补	188

图 11-9　路面损坏样本图像数据库

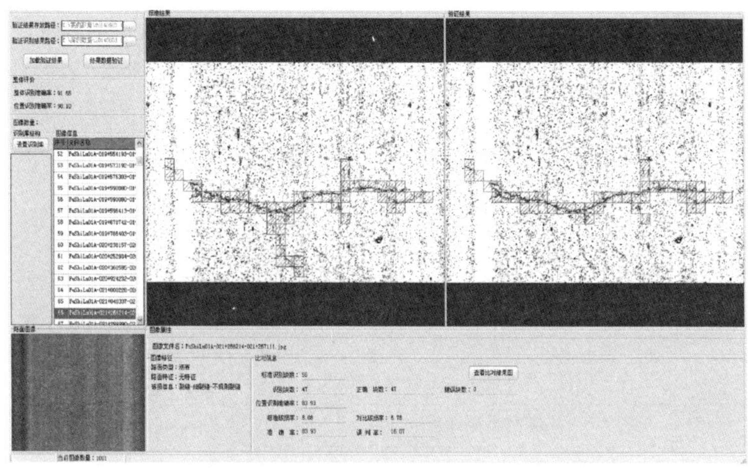

图 11-10　路面损坏自动识别系统验证软件(左为样本图像)

二、场地验证

场地验证需要专业设计的实验环境,包括不同参数的坡道、弯道、路面横坡、路面类型、路面平整度、路面表面构造、路面跳车、路面车辙、路面裂缝、标志标线和不同类别的桥隧构造物。在不具备上述验证条件的时候,也可以采用公路网中满足验证要求的路段作为场地验证的补充。

场地验证的主要内容为国家及行业相关标准规定的验证项目和验证指标。主要验证项目及验证指标,如表 11-2 所示,为路况自动化检测系统各检测单元的准确性、重复性和相关性等。

场地验证是一种接近真实路况条件的有控实验,按照《多功能路况快速检测设备》(GB/T 26764)规定,场地验证需要具备一定的技术条件,如温度(15 ~ 30℃)和湿度(45% ~75%)等。图 11-11 为已知坡度(20%)的路面空间几何状况检测单元的验证场地之一。

场地验证的主要内容 表 11-2

验证项目	路况指标	验证指标
距离及坐标	行驶距离	测量误差:不同信号覆盖率 定位误差:不同信号覆盖率
	地理坐标	
路面纵断面状况	路面平整度 IRI	重复性 C_V:等速、不同速度 准确性 δ:弯道、加速、低速 相关性 R:不同路段
	路面跳车 PB	
	移动均方差 $ELPV_3$	
	移动均方差 $ELPV_{10}$	
路面横断面状况	路面车辙深度 RD 等	重复性 C_V:等速、不同速度 准确性 δ:弯道、加速、低速 相关性 R:不同路段
路面损坏状况	路面破损率 DR 等	清晰度:路面图像检测质量 分辨率:裂缝宽度 准确率(%):自动识别
路面表面构造状况	路面磨耗率 WR	重复性 C_V:等速、不同速度 相关性 R:不同路段
	路面构造深度 MPD	
路面空间几何状况	路面曲率 CR	绝对误差:不同速度 相对误差:不同速度
	路面纵坡 GR	
	路面横坡 SP	
路面空间资产状况	资产类别 TA	测量误差:不同位置尺寸 准确率(%):不同资产类别
	资产位置 PA	
	资产尺寸 SA	
	资产技术状况 CA	

图 11-11 路面纵坡场地验证

三、公路验证

如表11-3所示，按照GB/T 26764标准规定，路况自动化检测系统应具备车流速度下的自动检测能力，最大检测速度不低于100km/h，能够长时间(8h以上)连续工作，连续检测里程400km以上，同时还要求路况自动化检测系统具有良好的环境适应性，满足不同区域的路况自动化检测需求。

路况自动化检测的极限条件　　表11-3

编号	验证项目	验证标准
1	检测速度	≥100km/h
2	连续工作时间	≥8h
3	连续检测里程	≥400km
4	海拔高度	≥3000m
5	最低检测气温	-10℃
6	最高检测气温	50℃
7	最大相对湿度	90%
8	最大检测风速	17.0m/s

路况自动化检测的极限工作条件，除了实验验证和场地验证外，也需要真实路况、交通和自然环境条件下的公路验证。公路验证关注的重点是，实验室和场地验证无法有效测试的项目，通过各种极限条件下的公路验证，检验路况自动化检测系统的稳定性、可靠性和路况检测的准确性。

根据表11-3所列极限检测条件和实际检测需求，路况自动化检测系统公路验证需要覆盖表11-4的验证内容，包括速度、温度、湿度、风速、海拔、连续工作时间和连续检测里程，同时还需要验证能显著影响路况检测准确性的其他一些因素，如复杂的地形条件、交通拥堵、次差路况等。

公路验证的主要内容　　表11-4

编号	验证项目	验证指标
1	最大允许检测速度	稳定性、可靠性
2	最高允许检测温度	稳定性、可靠性
3	最低允许检测温度	稳定性、可靠性
4	最大允许检测湿度	稳定性、可靠性
5	最大允许检测风速	稳定性、可靠性

续上表

编号	验证项目	验证指标
6	最高允许检测海拔高度	稳定性、可靠性
7	最长连续检测时间	稳定性、可靠性
8	最长连续检测里程	稳定性、可靠性
9	最大路面跳车	稳定性、可靠性
10	最大允许检测坡度	稳定性、可靠性
11	不同弯道的允许检测速度	准确性
12	最大允许加(减)速度	准确性
13	最大路面平整度	准确性
14	最大路面构造深度	准确性
15	最大路面车辙	准确性
16	最细路面裂缝	准确性

路况自动化检测系统的公路验证,需要依据表 11-4 的验证内容,覆盖不同区域(南方高温潮湿地区、北方寒冷地区、西部高原高海拔地区和西南部高山峻岭地区)、不同公路(干线公路、城市道路、农村公路等)、不同交通组成(自由流、非自由流、拥堵)和不同路况条件(优、良、中、次、差)。图 11-12 ~ 图 11-14(由贾会民拍摄),分别为高海拔地区(5000m 以上)、雪山低温路段和高原陡坡路段实施的路况快速检测系统 CiCS 公路验证。

图 11-12　高海拔地区路况检测能力验证

通过各种实际路况、交通组成和自然环境条件下的工程化验证,获得路况自动化检测系统稳定工作的各类极限数据,为路况自动化检测技术的工程化应用、技术提升和相关标准的修订完善提供科学依据。

图 11-13　高原雪山低温路段路况检测能力验证

图 11-14　高原陡度路段路况检测性能验证

第二节　国际认证

英国是世界上最早开展系统性的路况自动化检测理论与关键技术研究、工程化研发、技术认证和产业化应用的公路网发达国家，拥有先进的路况自动化检测技术和丰富的工程应用经验。英国政府要求地方（郡区）公路管理机构定期上报路况检测和路况评定数据，规定所有承接英国公路网进行路况检测任务的路况自动化检测系统，必须通过 SCANNER 认证。只有通过 SCANNER 认证的路况自动化检测系统，才允许进入英国公路网进行商业检测，SCANNER 认证的作用是确保所有进入英国市场的路况自动化检测系统性能可靠、技术先进、检测准确。

SCANNER 的认证机构为英国运输研究所 TRL，负责全世界各类路况自动化检测系统的工程技术认证。SCANNER 为英国运输部委托 TRL 等研究设计的国家公路网路况评定标准[64]，其中包括路况自动化检测系统技术认证。SCANNER 路况自动化检测技术认证，是国际上公认的指标全面、方法先进的认证标准,SCANNER 认证也因此成为最具权威性的国际认证。

为了检验我国路况自动化检测系统的技术性能,2012 年 7 月,国家工程中心委托英国运输研究所 TRL 对由交通运输部组织研究开发的路况快速检测系统 CiCS 开展了为期 5 个月的认证工作(图 11-15)。

图 11-15 路况快速检测系统 CiCS 国际认证(英国伯克郡)

一、认证标准

SCANNER 认证包含三个主要过程,场地认证测试、公路认证测试和测试数据验收。SCANNER 认证地点,为英国伯克郡(Berkshire)TRL 公路试验场及附近公路网。其中,场地认证测试,主要在 TRL 公路试验场实施,公路认证测试地点为伯克郡公路网上的高速公路、普通公路和城市道路的预设路段上,所有测试数据均按 SCANNER 及 UKPMS 数据规范的要求验收。

SCANNER 认证共分三个阶段,认证准备、初步试测和认证测试。其中,①认证准备的主要任务是,与 TRL 认证机构共同确定认证计划、建立临时实验室、申请英国临时牌照和 CiCS 组装调试;②初步试测的目的是,通过实验性测试,熟悉 SCANNER 验证规则、英国交通规则,评估 CiCS 环境适应性,发现并处理与区域相关的技术问题;③认证测试,实施满足 SCANNER 认证要求的各项性能测试。表 11-5 为 SCANNER 场地认证的主要测试标准,表 11-6 为 SCANNER 公路认证的主要测试标准,两种认证测试有不同的技术要求。

英国 SCANNER(场地)认证测试标准 表 11-5

认证指标	65% 误差	95% 变异误差
路段长度		±1m 或 ±0.1%
地理坐标,GPS 覆盖率 >70%		±2m
地理坐标,GPS 覆盖率 <70%		±10m

续上表

认证指标	65% 误差	95% 变异误差
海拔高度,GPS 覆盖率 >70%		±5m
海拔高度,GPS 覆盖率 <70%		±10m
路面纵坡		±1.5% 或 ±10% 基准值
路面横坡		±1.5% 或 ±10% 基准值
路面曲率		$\pm 0.0051 m^{-1}$
3m 移动均方差 $ELPV_3$	±0.30	±0.60 减速测试
10m 移动均方差 $ELPV_{10}$	±0.35	±0.70 减速测试
横断面平整度	±0.003	±0.006
路面边缘平整度	±0.025	±0.05
路面车辙深度	±1.5mm	±3.0mm
路面横断面高程		±1.5mm
路面构造断面高程		±0.5mm
路面构造深度 SMTD	±0.13mm	±0.25mm
路面构造深度 MPD	±0.13mm	±0.25mm
多线构造深度 RMST		±0.25mm
高裂缝率路段,识别准确率	65% 以上	
低裂缝率路段,识别准确率	85% 以上	
所有路段,裂缝识别准确率	75% 以上	

英国 SCANNER(公路)认证测试标准　　表 11-6

认证指标	90% 容许误差	最大容许误差
路段长度	±5m 或 0.1%	±50m 或 10%
路段起点坐标	±5m	±50m
路段起点海拔高度	10m	±50m
地理坐标,GPS 覆盖率 >70%	±7m	±50m
地理坐标,GPS 覆盖率 <70%	±15m	±50m
海拔高度,GPS 覆盖率 >70%	±10m	±50m
海拔高度,GPS 覆盖率 <70%	±15m	±50m
路面纵坡	±1.5 或 10% 基准值	±6.0
路面横坡	±1.5 或 10% 基准值	±6.0
路面曲率	$\pm 0.003 m^{-1}$	$\pm 0.005 m^{-1}$

续上表

认证指标	90%容许误差	最大容许误差
3m 移动均方差 $ELPV_3$	±0.6	
10m 移动均方差 $ELPV_{10}$	±0.7	
横断面平整度	0.006	0.05
边缘平整度	0.05	0.3
路面车辙深度	±3.0m	50%基准值
SMTD	±0.25m	±0.75m
RMST	±0.25m	±0.75m
所有路段,裂缝识别准确率	75%以上	

二、场地认证测试

SCANNER 场地认证测试,主要项目安排在英国 TRL 公路试验场,认证项目包括距离测量、坐标定位、路面纵断面、路面横断面和路面表面构造。TRL 公路试验场不具备测试条件的认证项目,如路面裂缝和路面车辙,选择在附近的公路网上认证。

表 11-7 为 SCANNER 场地认证测试的主要测试内容和认证基准的确定方法。其中,HARRIS 为英国 TRL 研发的路况自动化检测系统,HARRIS 有两个作用:①用于英国干线公路网路况自动化检测;②用于 SCANNER 测试路段的基准数据测量。

SCANNER 场地认证的主要测试内容和基准确定方法 表 11-7

认证项目	路况指标	认证基准
距离及定位	行驶距离	钢卷尺测量
	路段起点坐标桩号	静态 GPS 辅助光学测量
	测试位置坐标桩号	静态 GPS 辅助光学测量
路面空间几何	路面纵坡	精密水准仪测量
	路面横坡	精密水准仪测量
	路面曲率(或曲线半径)	钢卷尺测量
路面纵断面	轮迹处路面纵断面高程	手推式断面仪测量
	3m 和 10m 移动均方差 ELPV	手推式断面仪测量
路面横断面	路面横断面高程	人工测量
	Cleaned 路面车辙深度	HARRIS 检测

续上表

认证项目	路况指标	认证基准
路面车辙	路面车辙深度	HARRIS 检测
路面构造深度	路面构造深度断面	人工测量
	SMTD 和 MPD	HARRIS 检测
	RMST	HARRIS 检测
路面裂缝	路面裂缝率(标准)	路面图像人工标注
	路面裂缝率	不同系统检测数据均值
	路面裂缝单个识别单元	路面图像人工识别

TRL 场地认证测试,重点关注不同速度匀速检测的重复性和减速状态下路面纵断面状况、路面空间几何状况、路面表面构造状况和路面表面损坏状况自动化检测和裂缝自动识别的准确性。

图 11-16 为路况快速检测系统 CiCS 在 TRL 公路试验场大环道上实施的不同速度重复性和减速检测准确性的场地认证测试[47]。不同速度的重复性测试,要求以 6 种不同速度(10 ~ 80km/h)重复 3 次匀速检测 TRL 试验场大环道的路况数据;减速检测的准确性,要求以 9 种不同减速度(0.0 ~ −4.0m/s^2),测试将检测速度从 70km/h 降到 20km/h 过程中路面纵断面状况检测的准确性。

图 11-16 TRL 试验场不同速度检测重复性认证

图 11-17 为 CiCS 在 TRL 公路试验场小环道上实施的路面横断面和路面构造深度重复性场地认证测试,测试速度为 20km/h。

路面空间几何状况的认证测试路段为 TRL 公路试验场小环道上的一个平曲线路段和一个变坡上坡路段(图 11-18),要求测试 3 种不同速度(20 ~ 40km/h)的重复性。

图 11-17　TRL 试验场路面构造深度检测准确性认证

图 11-18　TRL 试验场路面空间几何状况检测准确性认证

如表 11-8 所示，路面裂缝与路面车辙认证场地位于英国东南部的公路网上，由 10 条路线组成，包括高速公路和普通公路（AB 级），路线长度分布在 7.35～29.4km 之间，认证要求以车流速度检测每条路线的各类路况指标。其中，路面裂缝检测，要求采用路面损坏自动识别系统自动识别路面图像中的各类路面裂缝损坏。

TRL 认证机构要求路面裂缝全自动检测、全自动识别，识别结果不经人工干预直接用于路面技术状况评定和路面养护科学决策。路面裂缝自动识别准确性认证，检验的是路面裂缝自动识别算法的科学性和系统的智能化程度。

路面裂缝与路面车辙认证场地　　表 11-8

编　　号	路　　线	位　　置	长度(km)
C&RS-D	A329/A329M/A3290	Bracknell-Reading	27.500
C&RS-F	M25	Jcn 10 to 9	7.350
C&RS-N	B3270	Reading	14.350

续上表

编　　号	路　　线	位　　置	长度(km)
C&RS-P	A4074	Nr Oxford	16.150
C&RS-Q	A4	Nr Reading	14.550
C&RS-R	M4 WB	J12-J14	29.400
C&RS-S	M4 EB	J14-J12	29.400
C&RS-T	A33	Nr Reading	9.050
C&RS-U	A322	Nr Guildford	14.000
C&RS-V	Old Wokingham Road	Crowthorne	8.150

三、公路认证测试

SCANNER 公路认证测试路段位于英格兰伯克郡公路网上，包括两条路线，长度分别为 25km 和 29.4km。两条路线包含了已知的各类公路属性特征，如路面类型、技术等级、车道类型（双车道、单车道）、交叉口类型（红绿灯路口、环岛）、岔道形式（出入口、叉路、匝道、引道）、几何状况（坡道、弯道）、路面特征（林荫路、窄路面、路面修补、路面跳车、严重车辙、面层集料散失和交通线圈）等。通过上述复杂路况条件的公路认证测试，检验路况自动化检测系统在真实公路交通环境中整体运行的稳定性、可靠性、操控性和检测数据的准确性。TRL 认证主要关注：

(1)检测方案；

(2)检测流程（检测规程的合理性）；

(3)检测效率（单位时间的检测里程）；

(4)检测路线规划和实际检测路线的符合程度；

(5)数据文件（RCD 和 HMDIF）的合规性；

(6)检测能力（特殊路况的处理技术等）；

(7)检测系统的操控性能；

(8)检测系统的运行安全性能；

(9)各类检测数据与基准数据的容许误差状况。

图 11-19 为路况快速检测系统 CiCS 在英格兰 Old Wokingham Road 双车道公路上的认证测试[47]。Old Wokingham Road 的特点是，路线顺地势而建，路面窄、弯道急、颠簸严重并且无硬化路肩，这种路况条件除了能够验证 CiCS 的稳定性、可靠性和准确性外，也能检验 CiCS 的操控性能。

图 11-19　英国 Crowthorne 公路认证测试

图 11-20 为英国城镇道路上常见的路面状况,图中人行道处的路面高程要明显高于人行道前后的路面表面,凸出的人行道主要用于检验路况自动化检测系统快速通过的稳定性和检测数据,特别是路面纵断面和路面跳车检测数据的准确性。

图 11-20　英国公路城镇路段认证测试

英国路况自动化检测采用的是节点定位方式,主要节点包括出入口、岔路口和路侧标记等。SCANNER 要求检测过程中所有节点标注的定位精度不大于 5m,图 11-21 为岔口节点标注的实例。

图 11-21 左边路缘石附近为沙土堆积,路面沙土堆积、路边杂物或路缘石等遮挡物,会干扰激光测距,形成异常的路面横断面。包含沙土堆积、路边杂物或路缘石等的路面横断面检测,也是公路认证测试的内容之一,类似情况下检测的路面横断面,需要通过特定的技术处理,识别、剔除或修复被干扰的检测数据,然后用于路况指标计算。

英国地方公路网许多路段,常常被茂密树冠大面积连续遮盖,连续的林荫路会降低卫星信号覆盖率，影响路况检测的定位精度。林荫公路的认证测试，检验的是卫星定位、惯导航向和距离测量的联合定位能力。

图 11-21　英国公路认证测试（节点标注）

四、认证结果

TRL 认证机构，将基于 TRL 公路试验场场地认证测试和附近公路网公路认证测试的各类数据，利用满足 SCANNER 标准要求的可视化认证数据分析软件，综合分析各类测试数据与已知基准数据的误差，计算各类路况检测数据的准确率，评估路况自动化检测系统的技术性能。

路况自动化检测系统 SCANNER 认证，以证书（SCANNER Certificate）形式在 TRL 网站上公告，同时发布的还有认证项目列表，图 11-22 为路况快速检测系统 CiCS 的 SCANNER（Certificate No：0151SCN/ CiCS）认证项目及认证结果。

SCANNER 认证，包括了从低速到高速，从匀速到变速，从短路段到长区间，从好路况到差路况，从宽路面到窄路面，从平坡到陡坡，从直线到曲线，从场地精确测试到公路网全路况测试各种复杂的测试条件。系统化的认证测试，有利于全面掌握路况自动化检测系统的总体技术性能和各类路况检测单元的检测能力。

路况快速检测系统 CiCS 的 SCANNER 认证项目，如图 11-22 所示，共有 8 类 15 项，包括地埋坐标 Grid Co-ordinates、几何参数 Road Geometry（路面纵坡、路面横坡、路面曲率）、路面纵断面 Longitudinal Profile（3m 移动均方差 $ELPV_3$、10m 移动均方差 $ELPV_{10}$、减速检测性能、最低有效检测速度）、路面车辙 Rutting（路面车辙深度）、路面横断面 Transverse Profile（边缘车辙深度、边缘平整度、横断面平整度等）、路面构造断面 Texture Profile（路面构造深度 MPD、SMTD、RMST 等）、路面裂缝 Crackin 和公路网检测适应性 Network Fitting。

Certificate Annex

Certificate No: **0151SCN/CiCS Issue 1**

Survey Parameter	Pass/Fail
Grid Co-ordinates	**PASS**
Road Geometry:	
Gradient	**PASS**
Crossfall	**PASS**
Curvature	**PASS**
Longitudinal Profile:	
Measured using the GM method in both the nearside and offside wheelpaths. Deceleration/acceleration limits: 3m variance: $3m/s^2$ 10m variance: $2m/s^2$	**PASS**
Recovery period required **after** triggering deceleration /acceleration limits (for which no LPV data can be delivered)	**70 metres**
Minimum survey speed for the reporting of longitudinal profile data	**20 km/h**
Rutting	**PASS**
Transverse profile SCANNER parameters:	
Cleaned nearside & offside rut depths, edge roughness, road edge step & transverse unevenness. The parameters must be generated using a 20 point transverse profile.	**PASS**
Texture Profile:	
Sensor measured texture depth (SMTD)	**PASS**
Mean Profile Depth (MPD)	**PASS**
Delivery of nearside, middle and offside RMST and RMST variance, 5th and 95th percentile and texture variability.	**PASS**
Cracking:	
Using auto-sensitivity for surface type and recognising the limitations of the system, which is not accredited for concrete or block paving surfaces	**PASS**
Network Fitting:	
Manual markers	**PASS**
OSGR co-ordinates	**PASS**

Notes:

- Ongoing improvements to be implemented as agreed with the auditor.
- The SCANNER specification and accreditation was not developed for unclassified roads. Therefore the SCANNER accreditation process does not test the capabilities of the measurement systems on unclassified roads (or very narrow classified roads).

TRL

图 11-22　CiCS 英国 SCANNER 认证项目列表

在 CiCS 所有 15 项 SCANNER 认证项目中,路面损坏自动化检测和路面裂缝自动识别为最关键的路况自动化检测技术。根据 TRL 公告,包括 CiCS 在内世界上(2013 年)只有 4 类路况自动化检测系统通过了 SCANNER 技术认证,其中 CiCS 的路面裂缝自动识别技术,被 TRL 认证机构认定为世界上最好的技术之一。除了算法优势外,一个主要因素是 CiCS 采用了近地悬挂倾斜光线的照明方式,大倾角的路面倾斜光线照明,能够形成路面裂缝边缘阴影,显示在路面图像上的路面裂缝会更加清晰,同时也避免了高位照明产生的路面反光(条状修补和路面标线等),裂缝清晰的路面图像是提升路面损坏自动识别准确率的重要条件。

第三节　本章小结

工程化验证与技术认证,是路况自动化检测系统走向工程化应用的两个重要环节。工程化验证,通常与工程化研发结合,先进的工程化研发验证设施,能够大幅度提高工程化研发与验证效率,缩短产品研发周期,加速新技术成熟;国际化的工程技术认证,能够全面系统地检验路况自动化检测系统的技术水平和装备性能,客观掌握路况自动化检测系统在稳定性、可靠性、准确性和操控性方面的真实水平,科学界定有效检测的边界条件。系统严格的工程化验证与认证,有利于促进新技术新产品的产业化示范和工程化应用。

第十二章　工程化应用

从2006年开始到2015年覆盖80%的全国干线公路网列养里程,在不到10年的时间里,我国国省干线公路基本实现了路面技术状况全自动检测,从根本上改变了之前一直沿用的路面损坏人工调查的传统。几十年公路养护发展历史见证了,成熟的路况自动化检测技术和可靠的路况自动化检测系统及其大规模的工程化应用,是促进公路养护科学决策技术体系迅速形成的重要因素。

基于过去多年路况自动化检测技术工程化应用经验,本章概述了公路养护科学决策技术体系的主要构成,分析了路况自动化检测系统工程化应用效果及路况大数据的应用前景,展望了路况自动化检测及公路养护科学决策的技术方向。主要内容包括:

(1)公路养护科学决策技术体系;

(2)大规模路况自动化检测;

(3)路况大数据的知识挖掘;

(4)未来技术。

第一节　公路养护科学决策技术体系

随着路面管理系统技术的深入应用,其配套的路况自动化检测技术迅速成为世界主要国家的关注焦点和重点研究方向。20世纪80年代,英国和法国等国家率先开发了路面抗滑性能和路面结构强度等大型自动化检测装备[8]。21世纪初,激光测距和图像采集技术的进步,成就了一批路况自动化检测关键技术,促进了路况自动化检测系统的工程化研发及应用。其中,英国公路署从1999年开始在英格兰干线公路上实施了TRACS路况自动化检测,2003年又在地方公路上推广了TTS(TRACS Type Surveys)路况自动化检测[59],2005年英国政府将TTS升级为SCANNER[9]并成为英国地方公路网路况自动化检测评定的国家标准,短短的6年时间,路况自动化检测技术迅速替代了1977年起实施的NRMCS(National Road Maintenance Condition Survey)人工调查为主的传统方法。路况自动化检测技术的工程化应用,支撑了英国及世界其他公路网发达国家的路况检测、路网监测和公路养护科学决策。路况自动化检测技术及路面管理系统技术大规模工程化应用，为公路养护科学决策技术体系的建立奠定了基础。

2007 年，为了改变传统的公路养护模式，提升干线公路路面大中修养护投资效益，推进公路养护科学化建设，浙江省公路管理局开展了公路养护决策现代化构架研究[77]，根据研究成果配置了路面管理系统 CPMS，装备了路况快速检测系统 CiCS、路面自动弯沉仪 ABB 和路面抗滑性能检测系统 RiCS，并建立了相关的实施制度，初步搭建了以路面为主包含标准制度、管理系统和检测装备的公路养护科学决策技术体系。

基于浙江的研究成果，国家工程中心在国外文献研究的基础上，于 2012 年提出了我国公路养护科学决策技术体系的基本架构[78]；基于世界银行云南公路资产管理系统全省应用经验，于 2018 年完善并提出了新技术条件下的公路养护科学决策技术体系，构建了公路资产管理系统的技术架构[73]（表 12-1），规划了配套的公路自动化检测系列装备（表 12-2）和工程化应用系列标准。

公路资产管理系统技术架构　　表 12-1

编号	类　别	技术组成	代表系统	主要作用
1	公路数据	公路全资产数据库	DataInfo	数据存储
2	资产管理	公路投资管理系统 路面管理系统 桥梁管理系统 隧道管理系统 路基管理系统 设施管理系统	CAMS CPMS CBMS	路况评定 长期性能预测 养护需求分析 周期费用预测 全资产投资决策 资金优化分配
3	日常养护	智能养护系统	RoMS	日常养护
4	系统平台	可视化分析平台	CMAP	数据集成 养护分析 性能研究

公路资产管理系统，通常由公路数据、资产管理、日常养护和系统平台四类技术系统组成。其中，①公路全资产公路数据库，用于存储路线、路基、路面、桥隧构造物和沿线设施等各类公路资产的属性、历史、现状和决策分析数据；②各类管理系统，用于公路技术路况评定、长期性能预测、全寿命周期费用分析、养护需求分析和全资产各组成部分投资决策和资金优化分配；③智能养护系统，用于区域公路网日常养护与管理，包括路况巡查、小修保养和应急处置；④可视化分析平台，用于公路全资产数据的可视化集成、公路养护投资效益分析和长期使用性能研究等。

公路养护科学决策技术体系，依赖科学的公路资产管理系统，也需要可靠的公路自动化检测装备。公路自动化检测，一般包括定期检测和日常巡查两个层次，检测需求覆盖了公路资产的各主要组成部分。

表12-2中的日常养护智能巡查系统CRIS(Intelligent Road Condition Routine Inspection System)，为一类独立的装备类别，主要用于日常路况巡查和养护应急处置[79]。

公路自动化检测系列装备 表12-2

编号	类　别	装备组成	代表装备	主要作用
1	定期检测	路况自动化检测系统	CiCS	路面损坏状况 路面纵断面状况 路面横断面状况 路面磨耗状况 路面几何状况 空间资产状况
2		路面弯沉自动检测设备	ABB TSD	路面结构状况
3		路面抗滑性能检测系统	RiCS	路面抗滑性能
4		隧道状况自动检测设备		隧道损坏状况
5		桥梁状况智能检测设备		桥梁损坏状况
6		路基状况自动检测设备		路基损坏状况
7		沿线设施自动检测设备		沿线设施状况
8	日常巡查	日常养护智能巡查系统	CRIS	日常养护状况

在上述公路自动化检测系列装备中，路面技术状况的自动化检测程度最高、技术也更加先进和成熟。其中，路况快速检测系统CiCS、路面自动弯沉仪ABB和路面抗滑性能检测系统RiCS已在全国大规模应用，高速激光弯沉仪TSD(Traffic Speed Deflectometer)也进入了工程化应用阶段。CiCS、ABB(或TSD)和RiCS为路面自动化检测的三大主要装备。

按照《公路技术状况评定标准》(JTG 5210)规定，在路面的三大检测装备中，ABB路面结构强度采用抽样检测方式，抽样比例根据路面大中修养护需求确定，最低抽样比例不低于公路网列养里程20%，高速公路和一级公路抽样比例不低于50%；RiCS路面抗滑性能，只检测高速公路和一级公路，检测周期为两年一次；CiCS的检测指标包括路面损坏、路面平整度、路面车辙、路面跳车和路面磨耗，主要路况指标要求每年检测一次(表12-3)，根据养护管理工作需要也可以将检测频率提高到每年2~4次。

路面状况自动化检测频率(次/年)　　表 12-3

<table>
<tr><th rowspan="2">路况指标</th><th colspan="2">沥青路面</th><th colspan="2">水泥混凝土路面</th></tr>
<tr><th>高速公路、一级公路</th><th>二级～四级公路</th><th>高速公路、一级公路</th><th>二级～四级公路</th></tr>
<tr><td>路面损坏</td><td rowspan="2">1</td><td rowspan="2">1</td><td rowspan="2">1</td><td rowspan="2">1</td></tr>
<tr><td>路面平整度</td></tr>
<tr><td>路面车辙</td><td rowspan="3">1</td><td rowspan="3">—</td><td>—</td><td rowspan="3">—</td></tr>
<tr><td>路面跳车</td><td rowspan="2">1</td></tr>
<tr><td>路面磨耗</td></tr>
<tr><td>路面抗滑性能</td><td>1/2</td><td>—</td><td>1/2</td><td>—</td></tr>
<tr><td>路面结构强度</td><td colspan="2">20%～50%抽样</td><td colspan="2">—</td></tr>
</table>

围绕上述管理系统和检测装备的工程化应用,国家及行业主管部门组织制订了《多功能路况快速检测设备》(GB/T 26764)、《车载式路况快速巡查装备》(JT/T 1167)[80]、《路面技术状况自动化检测规程》(JTG/T E61)、《公路技术状况评定标准》(JTG 5210)、《路面管理系统技术要求》(GB/T 32233)和《公路养护决策技术规范》(编制中)等一系列的技术标准。

上述资产管理系统、公路检测装备和配套技术标准,构成了我国公路养护科学决策的基本技术体系。

第二节　大规模路况自动化检测

一、国省干线公路路况检测

2006 年,路况快速检测系统(CiCS)在浙江省干线公路上 700km 的路况检测工程化示范,标志着我国干线公路开启了路况自动化检测时代。在此后连续的十多年里,国省干线公路路况自动化检测规模呈现了每年 1 万～8 万公里的快速增长;2015 年,路况自动化检测里程(CiCS 检测里程),如图 12-1 所示突破了 40 万公里,检测规模接近当时全国国省干线总里程的 80%[81]。路况自动化检测技术的大规模工程应用,改变了路面损坏人工调查的传统方式,实现了国省干线公路路况自动化检测,初步形成了大规模路况自动化检测的技术能力[82]。

二、国家公路网路况监测

2011 年,为了掌握国家公路网路面技术状况,交通运输部组织开展了国家公路网技术状况监测工作[30],其中,路面技术状况检测采用路面破损和路面平整度 2 项路况指标;2015 年,根据路况监测工作需要和路况自动化检测的技术能力，路面技术状况检测增加了一项技术指标，采用路面破损、路面平整度和路面车辙3项路况指标[31]。

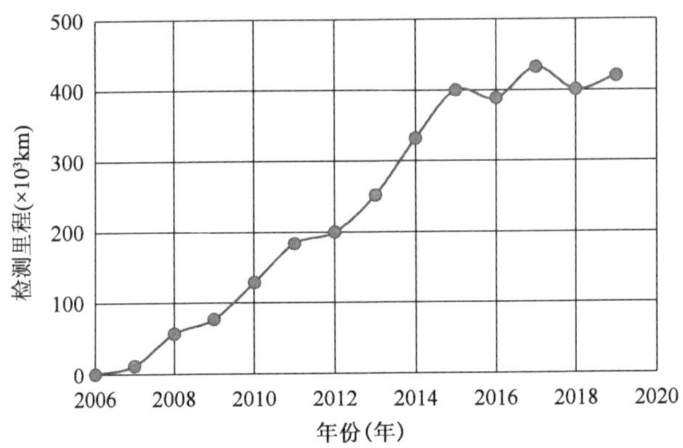

图12-1　国省干线公路CiCS检测里程

图12-2为2011—2019年国家公路网技术状况监测里程分布。自开展国家公路网技术状况监测工作以来，全国公路网路况监测总规模已经达到28万公里。

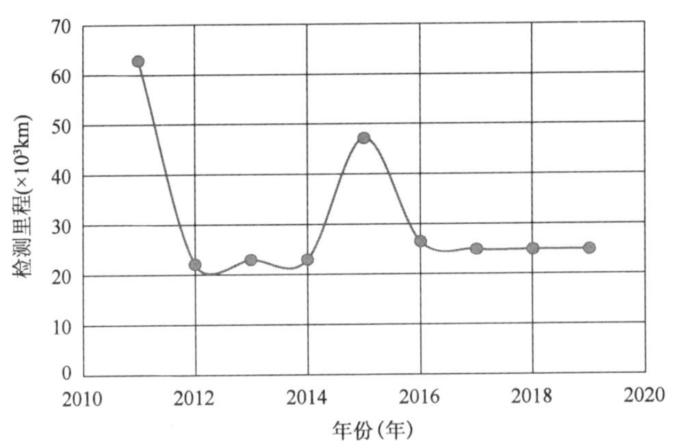

图12-2　国家公路网技术状况监测CiCS检测里程

十多年来，路况自动化检测几乎覆盖了全国所有国省干线公路，路况快速检测系统CiCS的大量装备，为国家公路网技术状况监测的顺利实施提供了技术保障；连续多年大规模工程化应用，也检验了我国路况自动化检测系统在可靠性、稳定性、操控性和检测数据准确性等方面的技术性能。

三、农村公路路况检测

在国家行业主管部门全力推进并初步完成国省干线公路养护科学决策技术

体系建设的同时,农村公路养护管理工作得到了迅速加强[83,84],规模更大的农村公路养护管理,要求更具挑战性的先进检测与分析处理技术。

基于各类智能路况自动化检测技术和路况自动化检测系统技术架构开发的农村公路智能检评系统 CiCS Ⅲ,在北京、浙江、广东、江西、福建、江苏、四川等省市农村公路养护管理中初步应用,检测里程超过 20 万公里,满足农村公路养护管理需要、适应农村公路路况特点的农村公路养护科学决策技术体系正在工程化应用的基础上逐步形成。

第三节 路况大数据的知识挖掘

到 2020 年,浙江、广东、广西等近 30 个省(区)市实施了 6 ~ 14 年的国省干线及高速公路路况自动化检测工作,积累了 320 万公里以上的路况数据,包括 16 亿幅路面损坏图像和 3.2 亿组各类路况数据,形成了几乎覆盖全国所有国省干线公路、具有显著时间序列和空间位置特征的超大规模路况数据(简称,路况大数据)。路况大数据在许多领域具有重要的应用价值,包括路面长期性能研究和人工智能深度学习。

一、路面长期性能研究

路况大数据在空间与时间上的可视化集成[60],如图 12-3 所示为研究不同路面结构、不同养护措施在不同养护资金投入、不同交通轴载下的变化规律,分析路面长期使用性能,提供了可视化的空间与时间序列数据基础。

图 12-3 CMAP 时间序列路况数据

图 12-4 和图 12-5，展示了普通干线公路上，同一路段、同一位置处，路面平整度（RQI）和路面损坏（PCI）两项不同的路况指标，在不同年度的不同变化状况。从历年的路面前方图像、多年的路况数据和路况指标变化曲线可以看出，2014 年实施的预防性养护措施，提升了路况技术水平、延缓了路面平整度的衰变速率，但是养护措施的使用周期（作用）只有 2 年多一点的时间，路面损坏速率并没有得到有效改变。

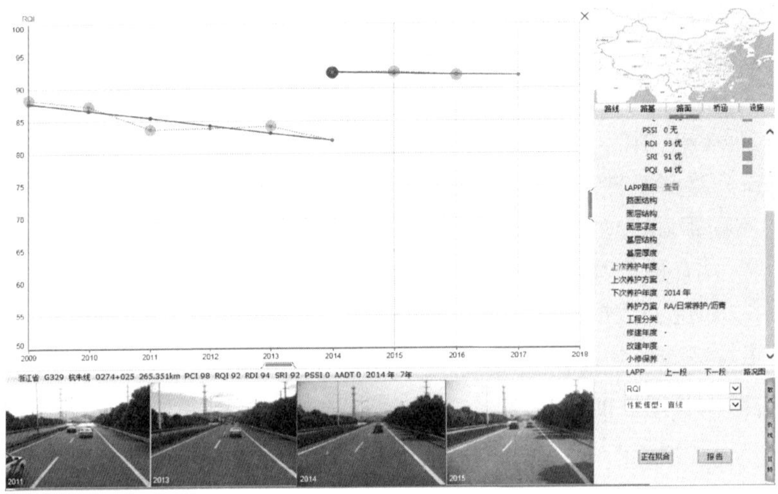

图 12-4　普通干线公路 RQI 变化状况

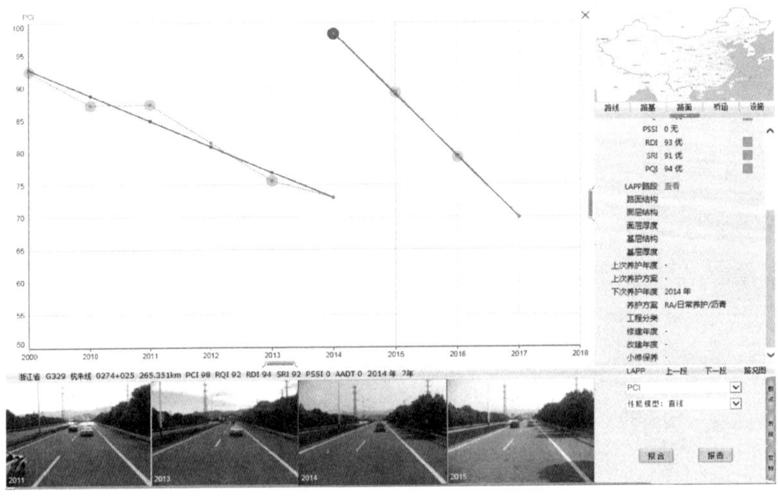

图 12-5　普通干线公路 PCI 变化状况

图 12-6 和图 12-7 为高速公路上同一路段、同一位置处路面平整度(RQI)和路面损坏(PCI)两项不同路况指标在不同年度的变化趋势。从路况指标时间序列性能分布可以看出,与普通干线公路相比,高速公路具有更高的路况水平和更好的路面使用性能;随着使用年限的增加,PCI(路面损坏)缓慢下降,但是 RQI(路面平整度)则呈现了几乎不变的发展趋势。

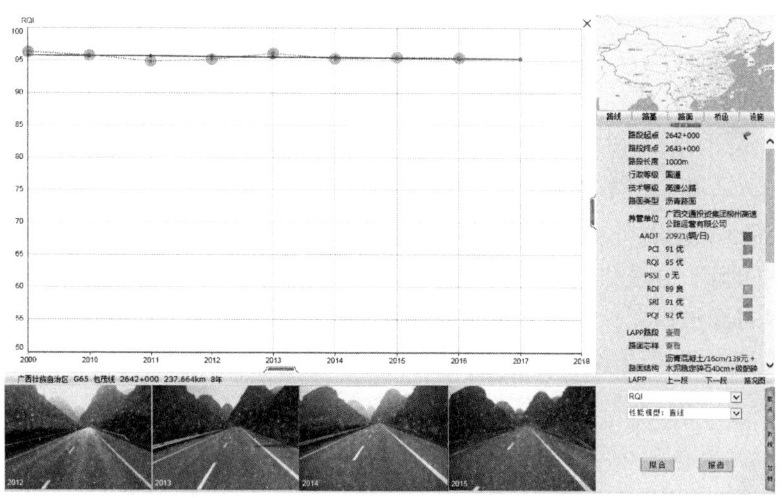

图 12-6　高速公路 RQI 变化趋势

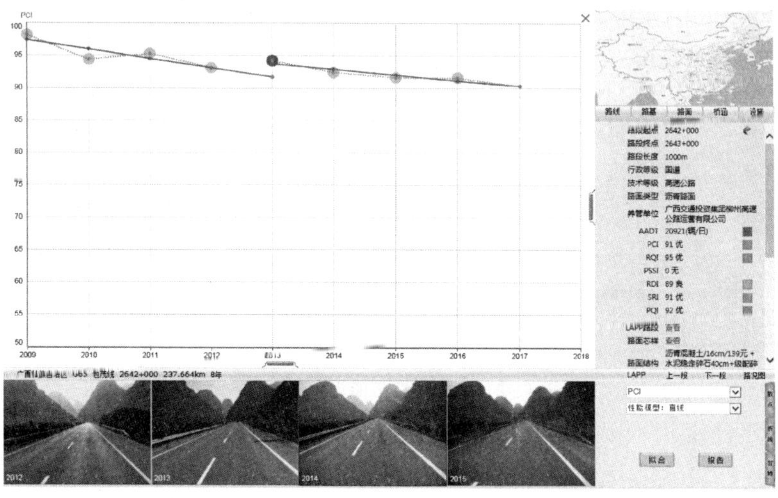

图 12-7　高速公路 PCI 变化趋势

根据世界银行有关路况指标与车辆运营费用(Vehicle Operating Costs)的研

究成果[85]，Chesher 和 Harrison 发现，在所有的路况指标中，路面平整度是影响公路用户费用的唯一因素（假设运营期间路面坡度和路面曲度无明显变化）。路面平整度影响发动机油耗，发动机油耗为车辆运营费用、道路用户费用和全寿命周期费用 LCC（Life Cycle Cost）的组成部分。

当路面平整度保持不变或变化不明显时，路面平整度对道路用户费用的影响可以忽略不计[86]，公路养护投资将因此无法通过路面平整度指标与道路用户费用或全寿命周期费用 LCC 产生关联。假如路面平整度长期保持不变或无显著变化的趋势是高等级公路的普遍现象，那么用以支撑高速公路或高等级公路养护、管理及设计的理论基础——全寿命周期费用 LCC，就需要进行系统化的升级改造。

二、人工智能技术研究

路况大数据的可视化集成，为探索、发现和验证公路养护的各种规律，完善公路养护理论、方法和关键技术，提供了一个有用的研究平台。平台上的各类数据，尤其是经过损坏标注的大量路面图像（图 12-8），也为基于深度学习的公路检测、养护决策、养护设计等人工智能技术研究，提供了超大规模的训练样本和算法研究验证的基础。

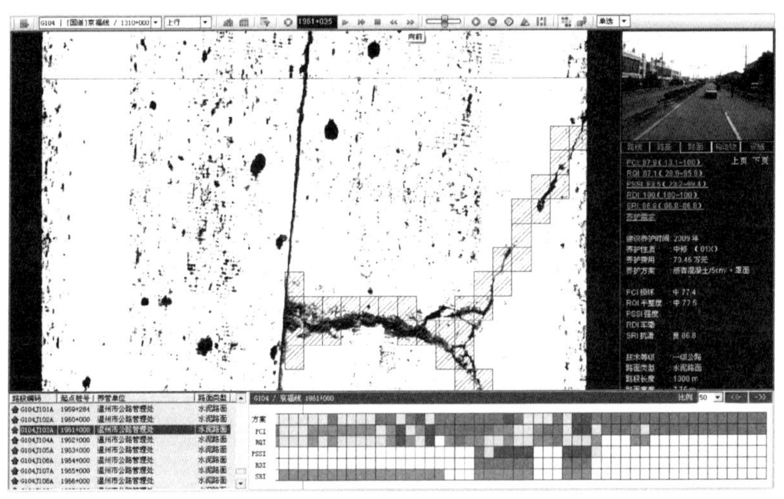

图 12-8　路面损坏智能识别技术研究

第四节　未 来 技 术

一、未来需求

从 1988 年第一条高速公路开通，到 2019 年建成 15 万公里的高速公路网络,在不到三分之一的世纪里,以高速公路建设为主的公路发展取得了巨大的成就,规模庞大的公路网为我国经济社会可持续发展提供了重要的支撑保障。

与此同时,在大规模公路建设之后,我国公路发展的重点正经历由大规模建设向高质量养护的转型时期(图 12-9)[53],公路养护正成为我国公路发展的重点和主要任务。

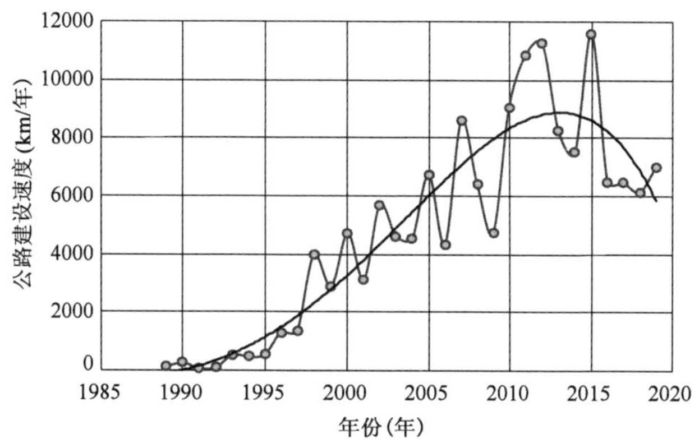

图 12-9　高速公路建设速度

在经过 2016 年的全国公路网调整之后[81],我国国省干线公路总规模由调整前的 51 万公里扩大到 74 多万公里[53]。2006 年,我国公路网开始实施了大规模的未铺装路面硬化改造工程,年均路面铺装里程超过 10 万公里(图 12-10),到 2019 年全国沥青路面和水泥混凝土路面铺装规模达到了 428km,占全国公路网总里程的 85% 以上,其中农村公路铺面里程达到 354 万公里。

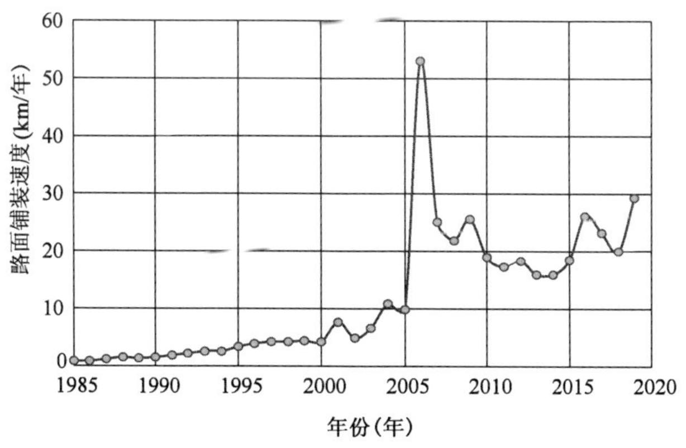

图 12-10　公路网路面铺装速度(含新建,约 50%)

国省干线公路养护规模快速扩大、路面等级迅速提升和农村公路大规模列养，给各级公路养护管理部门带来了巨大压力，同时也产生了迫切的公路养护管理现代化的技术需求。

国省干线和农村公路有着不同的技术需求。其中，国省干线公路自动化检测需要覆盖路线、路基、路面、桥隧构造物和沿线设施等公路全资产，指标要求多、准确性要求高、时效性要求强，检测指标体系化、检测数据精准化和数据处理智能化是未来国省干线公路自动化检测技术的主要特征；与国省干线公路相比，农村公路规模大、等级低、路况相对差，载体小型化、功能简单化和应用智能化是农村公路路况自动化检测技术的主要方向。

国省干线和农村公路共同的技术需求，是公路数据云存储、公路养护云计算和公路全资产管理可视化。云应用是未来公路养护管理现代化的基本趋势，包含路基、路面、桥隧构造物和沿线设施在内的公路养护决策与公路资产管理，将深度依赖基于人工智能技术的云计算和基于可视化技术的时空数据云关联。

二、未来技术

大数据、云计算、智能传感、人工智能和可视化信息技术的快速发展，为公路养护管理技术现代化提供了前所未有的创新环境，不断变化升级的公路养护技术需求与上述技术的深度结合，有希望催生一系列有重大影响的新理论、新方法和新技术。未来一定时期，相关领域的关键技术研究突破，将从多个方面深度影响行业的技术进步：

(1)智能激光测距技术和高精度位移测量技术：大幅提升路况自动化检测的准确性和适应性；

(2)可测距的机器视觉技术：广泛应用于公路养护管理的各个领域，有效提升公路养护和资产管理的工作效率；

(3)机器人和无人机等智能投送技术：显著提升路线、路基、桥隧构造物和沿线设施等公路全资产技术状况全方位自动检测的技术能力；

(4)人工智能(深度学习)技术：颠覆性地改变路况检测、养护决策和资产管理的许多传统；

(5)云存储、云计算和可视化技术：一定程度上改变国、省、地、县各级公路管理机构公路信息化技术的应用模式和应用水平，区域化智能养护与路况垂直监管方式将因云计算和可视化技术而发生深刻变化；

(6)智能软件技术：基于历史大数据的知识自动挖掘，将促进传统建模方法和方式的转变，各类评价、预测和决策过程，将因智能软件技术的应用而更加科学。

附录　常用符号与缩略语

AARS	路面空间资产特征识别系统(Asset Auto-Recognition System),用于交通标志、地面标线、空中构造物、沿线设施和周边绿化等各类路面空间资产状况主要特征的自动识别
ABB	路面自动弯沉仪(Automated Benkelman Beam or Deflectograph)
aCRACK	基于人工智能深度学习的路面损坏自动识别系统——路面损坏智能识别系统(automated CRACK Intelligent Detection System),用于各类路面损坏的自动识别
AD	横断面绝对误差(Absolute Deviation)
APCS	路况自动化检测标准(美国加利福尼亚州)(Automated Pavement Condition Survey)
BCR	效益费用比(Benefit Cost Ratio)
BI	颠簸累积仪(Bump Integrator),反应类路面平整度检测设备
CiAS	基于灰度分析技术的路面损坏自动识别系统——路面损坏识别系统(Cracking information Auto-recognition System),用于各类路面损坏的自动分析识别
CiC	与路面损坏识别系统 CiAS 配套的路面损坏识别控制系统(Cracking identification Quality Control),用于路面损坏自动识别过程中的质量控制
CiCS Ⅲ	农村公路智能检评系统,主要用于路面损坏、路面平整度和路面空间资产状况等的自动化智能检测
CiCS	路面快速检测系统(Cracking information Collection System),用于28项路况指标同步快速检测的路况自动化检测系统

CMAP	公路养护可视化分析平台(China Highway Maintenance Analysis Platform),包含各类公路数据,如路线属性数据、交通荷载数据、路面前方图像、路面损坏图像和时间序列路况数据等,主要用于公路养护分析、路面长期性能和人工智能技术研究等
$CMAP_{iROAD}$	移动端的公路养护可视化分析平台,不具有时间序列数据和路面损坏图像,其他功能与 CMAP 基本相同
$CMAP_{LAPP}$	基于 CMAP 技术开发的用于沥青路面长期使用性能研究(LAPP)的大数据平台(包含时间与空间序列数据)
CPMS	交通运输部组织研究开发的干线公路(国省及高速公路)路面管理系统(China's Pavement Management System)
CR	路面曲率(Horizontal Curvature,1/m)
CRIS	日常养护智能巡查系统(Intelligent Highway Condition Routine Inspection System)
CRMS	公路全资产管理系统(China Road Asset Management System)
C_V	变异系数(Coefficient of Variance)
DataInfo	公路(资产)数据库(Highway Data and Information),包括传统数据库和云应用数据库,用于存储包括路况数据在内的公路全资产数据
DMI	距离测量装置(Distance Measuring Instrument)
DR	路面破损率(Pavement Distress Ratio)
EIRR	经济内部收益率(Economic Internal Rate of Return)
$ELPV_{10}$	10m 增强移动均方差(Enhanced 10m Longitudinal Profile Variance)
$ELPV_3$	3m 增强移动均方差(Enhanced 3m Longitudinal Profile Variance)
FWD	落锤式弯沉仪(Falling Weight Deflectometer)
GR	路面纵坡(Longitudinal Gradient,%)
HAPMS	英国公路署路面管理系统(Highway Agency Pavement Management System)
HARRIS	英国 TRL 开发的路况自动化检测系统(Highways

	Agency Routine Road Investigation System)
IMU	包含三轴陀螺仪和三向加速度计的惯性测量单元(Inertial Measurement Unit)
IRI	国际平整度指数(International Roughness Index)
IPCS	路况自动化检测指标体系(Indicator System for Automated Pavement Condition Surveys),包含30项路况指标,用于路网监测、路况评定、养护决策、养护设计、资产管理和科学研究等
LAPP	交通运输部组织的大型研究项目:沥青路面长期使用性能研究(Long-term Asphalt Pavement Performance Research Program)
LCC	寿命周期费用(Life Cycle Cost)
LiDAR	3D路面空间资产激光测量雷达(Light Detection and Ranging)
LPV	英国SCANNER路况指标(Longitudinal Profile Variance)
LPV_{10}	10m移动均方差(10m Longitudinal Profile Variance)
LPV_3	3m移动均方差(3m Longitudinal Profile Variance)
MPD	路面构造深度指标(Mean Profile Depth)
MQI	《公路技术状况评定标准》采用的评定指标(Maintenance Quality Indicator),配套评定软件为路况评定系统MQI
NRMCS	英国国家公路养护状况调查标准(National Road Maintenance Condition Survey),适用于英国国家公路网路况人工调查
PB	路面跳车(Pavement Bumping)
PBI	路面跳车指数(Pavement Bumping Index)
PCI	路面损坏状况指数(Pavement Surface Condition Index)
PIARC	世界道路协会(Permanent International Association of Road Congress)
PQI	路面使用性能指数(Pavement Quality or Performance Index)
PWI	路面磨耗指数(Pavement Surface Wearing Index)
RD	路面车辙深度(Rutting Depth)

RDI	路面车辙深度指数(Rutting Depth Index)
RDPS	路况快速检测系统 CiCS 配套的原始检测数据处理系统(Raw Data Processing System),用于分析处理路面纵断面、路面横断面等各类原始检测数据
RDView	路面前方图像管理系统,通过桩号或卫星定位,将路面前方图像与各类路况检测数据相互关联,用于路面跳车、路面空间资产状况等的数据核查
RiCS	路面抗滑性能检测系统(Resistance information Collection System)
RMST	路面构造深度指标(Multiple Line Root Mean Square Texture)
RoMS	区域公路网日常智能养护系统(Routine Maintenance System for Regional Highway Networks)
RQI	路面行驶质量指数(Riding Quality Index)
SCANNER	英国国家公路网路况评定标准(Surface Condition Assessment of the National Network of Roads),英国路况自动化检测与评定标准
SFC	横向力系数(Sideway - Force Coefficient)
SMTD	路面构造深度指标(Sensor Measured Texture Depth)
SP	路面横坡(Transverse Slope,%)
SSI	路面强度指数(Structure Strength Index)
TPV	横断面均方差(Transverse Profile Variance of Mean)
TRACS	英国干线公路路况自动化检评标准(TRAffic-speed Condition Surveys)
TRL	英国运输研究所(Transport Research Laboratory)
TSD	高速激光弯沉仪(Traffic-Speed Deflectometer)
TTS	基于 TRACS 标准的英国干线公路网路况自动化检测(TRACS Type Surveys)
UKPMS	英国路面管理系统(UK Pavement Management System)
v_{cmax}	路面平整度的最大有效弯道检测速度(km/h)
WR	路面磨耗率(Pavement Surface Wearing Ratio,%)
γ	横滚角,三轴陀螺仪测量的横向角位移
θ	俯仰角,三轴陀螺仪测量的纵向角位移

φ	方位角,三轴陀螺仪测量的平面角位移
2D 路面横断面	Two Dimensional(二维)Pavement Transverse Profile
3D 路面表面	Three Dimensional(三维)Pavement surface
惯性位移	加速度计测量的纵向或其他方向的位移
斜率类指标	基于纵断面高程斜率统计的路面平整度指标,包括国际平整度指数等
方差类指标	基于纵断面高程方差统计的路面平整度指标,包括 3m 移动均方差 $ELPV_3$ 和 10m 移动均方差 $ELPV_{10}$ 等
高差类指标	基于纵断面高程高差分析的路面平整度指标,包括 3m 平均高差 h_3 和 3m 最大高差 h_{max} 和路面跳车等
公路技术状况	公路资产各组成部分的技术性能,包括了路基技术状况、路面技术状况、桥隧构造物技术状况和沿线设施技术状况
路况	路面技术状况的简称,包括路面纵断面状况、路面横断面状况、路面结构状况、路面表面损坏状况、路面表面构造状况、路面空间几何状况和路面空间资产状况等
路况自动化检测系统	泛指各类多功能路况自动化检测装备,包括路况快速检测系统 CiCS 等
路面损坏自动识别系统	泛指各类路面损坏自动识别软件,包括路面损坏识别系统 CiAS 和路面损坏智能识别系统 aCRACK 等

参考文献

[1] 中华人民共和国交通运输部.交通运输十二五发展规划[R].北京:交通运输部,2011.

[2] Spangler E. B., Kelly W. J. GMR Road Profilometer, a Method for Measuring Road Profile, Research Publication GMR-452[R]. USA Michigan: General Motors Corp., 1964.

[3] Karan M. A., Haas R, Kher R. Effects of Pavement Roughness on Vehicle Speeds, Transportation Research Record 602[J]. UAS Washington, D. C: Transportation Research Board, 1976.

[4] Sayers M. W., Gillespire T. D., Queiroz C. A. V. The International Road Roughness Experiment, World Bank Technical Paper Number 45[M]. USA Washington, D. C.: The World Bank, 1986.

[5] Lucas J., Viano A. Systematic Measurement of Evenness on the Road Network: High Output Longitudinal Profile Analyser, Report Number 101[R]. France: French Bridge and Pavement Laboratories, 1979.

[6] Jordan P. G., Young J. C. Developments in the Calibration and Use of the Bump-Integrator for Ride Assessment, TRRL Supplementary Report 604[J]. UK: Transportation and Road Research Laboratory, 1980.

[7] Sayers M. W., Gillespire T. D., Paterson W. D. O. Guidelines for Conducting and Calibrating Road Roughness Measurements, World Bank Technical Paper Number 46[M]. USA Washington, D. C.: The World Bank, 1986.

[8] 曾沛霖,等.路面性能自动化检测设备应用技术研究[R].北京:交通部公路科学研究所等,1990.

[9] Halcrow. SCANNER Surveys for Local Roads[S]. UK: Halcrow Group Limited, UK Roads Board, July 2005.

[10] UK Roads Board. SCANNER Surveys for Local Roads, User Guide and Specification[S]. UK: UK Roads Board, 2009.

[11] UK Roads Board. TRACS Surveys for Trunk Highways[S]. UK: UK Roads

Board,2009.

[12] UKPMS. The UKPMS User Manual:Machine Data Collection for UKPMS[S]. UK:UKPMS Support Office (www. ukpms. com),2007.

[13] TRB. NCHRP A Synthesis of Highway Practice 334: Automated Pavement Distress Collection Techniques[R]. USA Washington, D. C.: Transportation Research Board of the National Academies,2004.

[14] CDT. Automated Pavement Condition Survey Manual[S]. USA: California Department of Transportation (CDT),2013.

[15] Bennett C. R., Chamorro A., et al. Data Collection Technologies for Road Management[R]. Washington, D. C.: East Asia Pacific Transport Unit, The World Bank,2005.

[16] PIARC. Maintenance Methods and Strategies[R]. World Road Association (PIARC):PIARC Technical Committee D. 2, Road Pavements,2013.

[17] PIARC. Road Asset Management Manual, A Guide for Practitioners[R]. World Road Association (PIARC): PIARC Technical Committee D. 1, Asset Management,2018.

[18] 中华人民共和国行业标准. 公路技术状况评定标准:JTG H20—2007[S]. 北京:人民交通出版社,2007.

[19] 中华人民共和国行业标准. 公路技术状况评定标准:JTG 5210—2018[S]. 北京:人民交通出版社,2018.

[20] 中华人民共和国行业标准. 公路路面技术状况自动化检测规程:JTG/T E61—2014[S]. 北京:人民交通出版社,2014.

[21] 中华人民共和国国家标准. 多功能路况快速检测设备:GB/T 26764—2011[S]. 北京:中国标准出版社,2011.

[22] Benbow E., Wright A. Assessment of the Consistency of SCANNER Parameters, RCI and BVPI[R]. UK:TRL Limited,2008.

[23] 曾沛霖,等. 干线公路(省、市级)路面评价养护系统技术开发[R]. 北京:交通部公路科学研究所,同济大学,河北省交通厅,广东省交通厅,北京市公路管理处,1990.

[24] 中华人民共和国国家标准. 路面管理系统技术要求:GB/T 32233—2015[S]. 北京:中国标准出版社,2015.

[25] 潘玉利,等. 路面管理系统原理[M]. 北京:人民交通出版社,1998.

[26] 潘玉利,等. 沥青路面长期使用性能研究(LAPP),研究报告[R]. 北京:交

通运输部公路科学研究所等,2018.

[27] HA, et al. Design Manual for Roads and Bridges: Data for Pavement Assessment[R]. UK:The Highway Agency,et al. ,2008.

[28] NCHRP. Guide for Mechanistic-Empirical Design of New and Rehabilitated Pavement Structure[R]. USA Washington, D. C.: NCHRP, TRB, National Research Council,2004.

[29] Hall K. T. ,Correa C. E. ,Carpenter S. H. ,et al NCHRP Web Document 35: Rehabilitation Strategies for Highway [R]. USA Washington, D. C.: Transportation Research Board,2001.

[30] 中华人民共和国交通运输部. 2010 年全国干线公路养护管理检查方案[R]. 北京:交通运输部,2010.

[31] 中华人民共和国交通运输部. 2015 年全国干线公路养护管理检查方案[R]. 北京:交通运输部,2014.

[32] TRRL. Machine for Evaluating Roughness Using Low-cost Instrumentation (MERLIN)[R]. UK:TRRL,1975.

[33] 中华人民共和国行业标准. 车载式路面激光平整度仪:JT/T 676—2009[S]. 北京:人民交通出版社,2009.

[34] ARRB. Road Roughness Data Acquisition System (RRDAS) Operating Manual[R]. Australia:Australian Road Research Board,1993.

[35] 中华人民共和国行业标准. 公路养护质量检查评定暂行办法:79 交公路字803 号[S]. 北京:人民交通出版社,1979.

[36] 中华人民共和国行业标准. 公路养护质量检查评定标准:JTJ 075—1994[S]. 北京:人民交通出版社,1994.

[37] 中华人民共和国行业标准. 公路路基路面现场测试规程:JTJ 059—1995[S]. 北京:人民交通出版社,1995.

[38] 李丽苹,曹江,等. 农村公路路面平整度检测方法研究,研究报告[R]. 北京:公路养护技术国家工程研究中心/中公高科养护科技股份有限公司等,2020.

[39] 潘玉利,赵怀志,程珊珊,等. 公路全断面动态快速检测技术的研究报告,国家高技术研究发展计划(863 计划)[R]. 北京:交通运输部公路科学研究所等,2009.

[40] AASHO. Standard Practice for Accepting Pavement Ride Quality When Measured Using Inertial Profiling Systems,AASHO Designation R54-10[R].

USA:AASHO,2010.

[41] FHWA. FHWA-LTPP Guidelines for Measuring Bridge Approach Transitions Using Inertial Profiles [R]. USA Washington, D. C.: Federal Highway Administration (FHWA),2016.

[42] 杨国锋,张晨,李丽萍. 路面跳车指标研究报告[R]. 北京:公路养护技术国家工程研究中心/中公高科养护科技股份有限公司,2018.

[43] 曹江,潘玉利,等. 全断面路况快速检测系统(CiCS Ⅲ)南京验证报告[R]. 北京:公路养护技术国家工程研究中心/中公高科养护科技股份有限公司,2013.

[44] 程珊珊,卢杨,等. 英国 SCANNER 认证北京模拟试验研究报告[R]. 北京:公路养护技术国家工程研究中心/中公高科养护科技股份有限公司,2012.

[45] 中华人民共和国行业标准. 车载式路面激光车辙仪:JT/T 677—2009[S]. 北京:人民交通出版社,2009.

[46] 潘玉利. 一种路面车辙检测方法:中国,ZL 2010 1 0264911.7[P]. 2012-05-09.

[47] 程珊珊,杜庚,王楹,等. 路况快速检测系统(CiCS)英国 SCANNER 认证报告[R]. 北京:公路养护技术国家工程研究中心/中公高科养护科技股份有限公司,2013.

[48] 程珊珊. 沥青路面养护专家系统研究与开发[D]. 南京:东南大学,2006.

[49] Wang K. C. P. Designs and Implementations of Automated Systems for Pavement Distress Survey[J]. USA:Journal of Infrastructure Systems,2000.

[50] PIARC. State of the Art in Monitoring Road Condition and Road/Vehicle Interaction [R]. World Road Association (PIARC): PIARC Technical Committee 4.2,Road Pavements,2016.

[51] 程珊珊,等. 基于 3D 数据采集的道路综合检测技术研究[R]. 北京:公路养护技术国家工程研究中心/中公高科养护科技股份有限公司,2017.

[52] 程珊珊,梅家华,等. 新型照明技术及装置研发[R]. 北京:公路养护技术国家工程研究中心/中公高科养护科技股份有限公司,2015.

[53] 中华人民共和国交通运输部. 1949—2019 年全国公路里程统计汇总数据[R]. 北京:交通运输部,2020.

[54] 潘玉利,黄雅杭,郑家瑶,等. 沥青路面快速检测及养护技术的研究[R]. 北京:交通运输部公路科学研究所,宁夏回族自治区公路管理局,四川省交

通厅公路局,2006.

[55] 曹建坤,邓捷,钟连通,等. 浙江省 10 年路况大数据损坏特征分析报告[R]. 北京:公路养护技术国家工程研究中心/中公高科养护科技股份有限公司,2019.

[56] Feng H., Xu G., Guo Y. Multi-scale classification network for road crack detection[J]. UK:IET Intelligent Transport Systems,2019,13.

[57] 邓捷,曹建坤,潘宗俊,等. 路面病害智能识别技术开发及应用 aCRACK[R]. 北京:公路养护技术国家工程研究中心/中公高科养护科技股份有限公司,2019.

[58] 杨国峰,王浩仰,潘玉利,等. 基于多线纹理的路面磨耗检测及评价方法[J]. 西安:中国公路学报,2016.

[59] Spong C., Wright A. TRACS-Type Surveys (TTS) of the Principal Road Network[R]. UK: Chris Britton Consultancy Ltd, TRL Ltd and UK Roads Board, May 2003.

[60] 卢杨,崔会谦,邓捷,等. 路面长期性能大数据平台($CMAP_{LAPP}$)研究[R]. 北京:公路养护技术国家工程研究中心,中公高科养护科技股份有限公司等,2018.

[61] 杨国峰. 干线公路综合服务水平评价与投资决策方法研究[D]. 南京:东南大学,2019.

[62] ARRB. Road Geometry Data Acquisition System (RGDAS) Operating Manual[R]. Australia:Australian Road Research Board,1993.

[63] PIARC. Innovative Approaches to Asset Management[R]. World Road Association (PIARC):PIARC Technical Committee D.1,Asset Management,2019.

[64] UK Roads Board. SCANNER Surveys for Local Roads, User Guide and Specification, Technical Requirements for SCANNER Survey Parameters and Accreditation[S]. UK:UK Roads Board,2009.

[65] 李政民,杜庚,等. 新一代智能路况检测控制技术及软件研究报告[R]. 北京:公路养护技术国家工程研究中心/中公高科养护科技股份有限公司等,2015.

[66] 虞丽云,卢杨,崔会谦,等. 国家干线公路网检测监控系统研究报告[R]. 北京:交通运输部路网监测与应急处置中心,公路养护技术国家工程研究中心/中公高科养护科技股份有限公司,2015.

[67] 卢杨,王锋,程珊珊. 路况快速检测系统原始数据处理技术及软件(RDPS)

设计报告[R].北京:公路养护技术国家工程研究中心/中公高科养护科技股份有限公司等,2011.

[68] 邓捷,张海.路况检测数据质量监控系统DMS研究报告[R].北京:公路养护技术国家工程研究中心/中公高科养护科技股份有限公司,2016.

[69] 潘玉利,程珊珊,李强,等.公路前方图像管理系统研究报告[R].北京:交通部公路科学研究所等,2004.

[70] 潘玉利.路面管理系统基础教[M].北京:人民交通出版社,2002.

[71] 曹江,吴姿杨,王峰,等.公路云数据库架构研究及应用[R].北京:公路养护技术国家工程研究中心/中公高科养护科技股份有限公司,2017.

[72] 马睿,李增冰,卢杨,等.路况评定系统MQI云计算关键技术及应用研究[R].北京:公路养护技术国家工程研究中心/中公高科养护科技股份有限公司等,2017.

[73] 卢杨,郭立明,张进,等.公路全资产管理系统(CRMS)研究报告[R].北京:公路养护技术国家工程研究中心/中公高科养护科技股份有限公司等,2018.

[74] 卢杨,潘玉利.公路综合养护分析平台CMAP研究报告[R].北京:公路养护技术国家工程研究中心/中公高科养护科技股份有限公司等,2011.

[75] 马睿,卢杨,潘玉利.公路移动信息平台iROAD研究报告[R].北京:公路养护技术国家工程研究中心/中公高科养护科技股份有限公司等,2015.

[76] 杜庚,张菁红,等.路况快速检测装备工程化开发验证平台运行指南[R].北京:公路养护技术国家工程研究中心/中公高科养护科技股份有限公司等,2014.

[77] 郑黎明,张德理,侯利国,等.浙江省路况检测与养护决策辅助体系模式研究[R].杭州:浙江省公路管理局,交通部公路科学研究所,2007.

[78] 潘玉利,赵怀志,等.公路养护科学化决策技术体系研究[R].北京:公路养护技术国家工程研究中心/中公高科养护科技股份有限公司,2012.

[79] 杜庚,崔小龙,车霄宇,等.日常养护智能巡查系统CRIS研究[R].北京:公路养护技术国家工程研究中心/中公高科养护科技股份有限公司等,2016.

[80] 中华人民共和国行业标准.车载式路况快速巡查装备:JT/T 1167—2017[S].北京:人民交通出版社股份有限公司,2017.

[81] 中华人民共和国交通运输部.1949—2015年全国公路里程统计汇总数据[R].北京:交通运输部,2016.

[82] Pan Y. ,Wang J. ,Pan Z. Asset Management of China's Trunk Highways[C]. Malaysia,Petaling Jaya:PIARC International Senimar on Asset Management, October 2018.

[83] 中华人民共和国交通运输部. 农村公路养护管理办法[R]. 北京:交通运输部,2015.

[84] 中华人民共和国行业标准. 农村公路养护技术规范:JTG/T 5190—2019[S]. 北京:人民交通出版社股份有限公司,2019.

[85] Chesher A. ,Harrison R. Vehicle Operating Costs:Evidence from Developing Countries[M]. Washington,D. C. :The World Bank,1987.

[86] Pan Y. Simulation of Vehicle Speed and Fuel Consumption[M]. China Beijing: China Communications Press,2005:7-114-05891-8.

索　引

D

E

G

J

L

R

S

X

Z